Frank Max

hack the Vollpfosten!

Life-Hacks für den Umgang

mit schwierigen Menschen

Druck und Distribution im Auftrag des Autors
tredition GmbH, Halenreie 40-44, 22359 Hamburg,
Deutschland

ISBN
Paperback   978-3-384-08351-7

Inhaltsverzeichnis

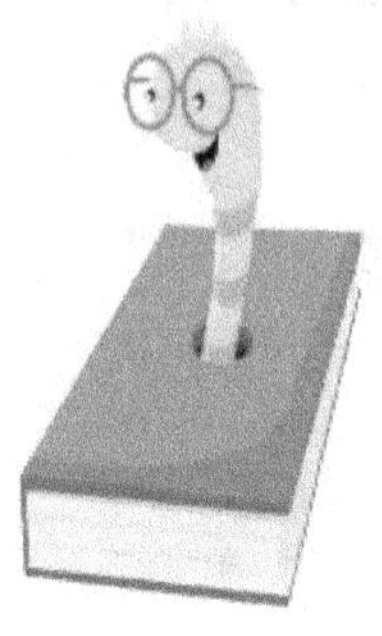

Willkommen

Im neuen Buch von Frank Max,

dem einfach | MACHER!

Menschen gibt's, die gibt's gar nicht, oder sollte es zumindest nicht geben. Denn sie machen uns das Leben schwer. Zum Beispiel so:

Passiv aggressiv: *„Kannst Du mir kurz sagen, wie spät es ist?" - „Ja!" - „?..."*

Kleinkariert: *„Ihr Wagen stand 0,25 Mikrometer zu weit weg vom Bordstein!"*

Egozentrisch: *„drei-Tage-Woche mit vollem Lohnausgleich!"*

Fanatisch: *„Du fährst immer noch Auto? Dann klebe ich meinen Hintern auf Deine Windschutzscheibe!"*

Und so weiter. Wir kennen alle noch viele mehr. Nur fällt uns nicht zu jedem auf die Schnelle etwas passendes ein. Zum Beispiel, wie Du Dir diese ‚*Nervtöter des Alltags*‘ vom Hals halten kannst oder, wenn Du Dich schon– zum Beispiel auf der Arbeit - mit ihnen beschäftigten musst, wie Du Dir den Umgang mit ihnen erleichtern kannst, insbesondere wenn sie es Dir schwer machen wollen.

Wäre es nicht schön, wenn einem jemand mit einfachen Worten und auf unterhaltsame Weise erklären könnte, warum die Vollpfosten so vollpfostig, die Grantler so grantelig und die Rechthaber so rechthaberisch sind?

Ja, das wäre es. Und ich hätte so ein Buch gerne schon als Teenager besessen. Stattdessen durfte ich mich 55 Jahre mit diversen Voll- und Hohlpfosten rumärgern. Sie in Theorie und Praxis studieren und dabei lernen, dass es meist das eigene Sägemehl ist, dass in ihrem Kopf raschelt und nicht die Rüschenbluse der Schreibtischnachbarin, über die sie sich aufregen.

Das Gute daran ist, dass ich nach 20 Jahren endlich weiß, wie man normalen, aufgeschlossenen und gesitteten Menschen wie Dir und mir klar macht, warum sich die Kacktussis (ist das der richtige Plural für Kaktus?) so stachelig geben und warum Prinz Valium zum Essen getragen werden muss.

Und mit 55 Jahren auf dem Buckel ist mir langsam auch völlig Latte, wer, egal ob Sprachwächter, Moralapostel oder Genderbeauftragt*inn*erich sich darüber aufregen tut, was ich hier am Schreiben am dran sein bin :-).

Nur der getroffene Hund bellt. Wenn Du mich und das Buch jetzt schon scheiße findest, schenkst Du es am besten jemandem, den Du nicht leiden kannst. Ansonsten wünsche ich Dir jetzt viel Spaß dabei, mit mir die verschiedenen Macken kennenzulernen, die wir Menschen im Laufe des Lebens entwickeln und wünsche Dir viel Erfolg dabei, Dein persönliches Anti-Vollpfosten-Programm zu entwickeln.

Und nie vergessen: Am Ende gewinnt immer der Holzwurm, nie der Pfosten!

Herzliche Grüße

Frank

Vorwort

„Das Leben ist schon kompliziert genug, warum muss da auch noch jeder Jeck sein eigenes Räppelchen haben?" Könnte man sich manchmal fragen.

Egal wie viel Einfühlungsvermögen wir aufbringen, manche Zeitgenossen sind kaum oder gar nicht zu verstehen. Da wünscht man sich schnell ein einfaches Konzept, um seine Mitmenschen leichter und besser zu verstehen und so auf diese reagieren zu können, dass man selbst am wenigsten durch den Kontakt belastet wird. Und genau dieses Bedürfnis hat viele Menschen dazu gebracht, Psychologie zu studieren, eine Coaching-Weiterbildung zu machen etc. Wie Bruce Darnell mit seinem berühmten *„Ick habe nur eine Frage, warrrum?"* auf der Suche nach einer Erklärung für das Verhalten seiner Mitmenschen.

Und auch ich habe lange gesucht, bis ich Konzepte gefunden habe, die ich verstehen und für meine Klienten verständlich in meine Seminare und Coaching einbauen konnte.

Die von Alfred Adler definierten *‚Lebensstil-Prioritäten'* sind dabei immer ein guter Anfang. Bislang waren Bücher zu diesem Thema leider selbst für motivierte Fachleute *‚Hirnschmerz auslösend'*, da überaus gestelzt und kompliziert geschrieben. Darum habe ich es mir zur Aufgabe gemacht, diese Prinzipien in leichter Sprache zu erklären, damit jede und jeder dieses ebenso einfache wie faszinierende Konzept verstehen und sich damit das Leben erleichtern kann.

Im ersten Schritt erfährst Du also, was Menschen wichtig ist und was sie tun, um das zu bekommen oder zu schützen, wenn sie es schon haben. Im zweiten Schritt zeige ich Dir dann, wie sich Menschen unter Stress verhalten und schließlich, was sie anstellen, wenn sich der Stress zur Angst steigert.

Abgerundet wird das Büchlein mit der Erklärung, wie Minderwertigkeitsgefühle entstehen und wie man auf diese konstruktiv reagieren kann.

ACHTUNG! Es geht hier um Verhaltensweisen (und mögliche Reaktionen hierauf). Um die zugehörigen Denkmuster geht es in meinem nächsten Buch, Arbeitstitel: *„what the hack! Lifehacks für den kreativen Umgang mit hinderlichen Glaubenssätzen"*

Bedürfnisse

Um das Verhalten von Menschen zu verstehen, ist es meist hilfreich, einen Blick auf die Bedürfnisse zu werfen, die diese aktuell verspüren und zu befriedigen suchen. Abraham Harold Maslow, ein amerikanischer Psychologe / Psychologieprofessor gilt als einer der Gründerväter der humanistischen Psychologie und zudem ‚Erfinder‘ der positiven Psychologie. Bekannt ist er vor allem für seine Bedürfnispyramide:

Grund und Existenzbedürfnisse

Auf dieser Ebene geht es wie in einer Survivalsituation darum, zunächst das Überleben zu sichern. Dies geschieht durch Beschaffung von

Trinkwasser, Nahrung, Schutz vor Kälte in Form von Bekleidung und Wetterschutz, der auch Ruhe und nicht zuletzt Schlaf ermöglicht. Sobald die Minimalanforderungen erfüllt werden, richtet sich das Streben auf sauberes Trinkwasser, gesunde Nahrung, hübsche oder funktionale Kleidung, Verbesserung des Wetterschutzes und die Schaffung von mehr Komfort für den Schlafplatz (Decke, Matratze) und schließlich auch saubere Luft.

Sicherheit

Nun geht es um die Stabilität der Unterkunft bzw. Wohnung, um Maßnahmen zum Schutz der Gesundheit und als Schutz vor Gefahren. Sollte doch mal etwas schief gehen, wird eine medizinische Versorgung benötigt. Eine angemessen bezahlte Arbeit zu haben, wird nun ebenso wichtig, wie Gesetze, Regeln und Rituale, die das zwischenmenschliche Miteinander regeln und vereinfachen sollen. Arbeit wird aber auch wichtig, um Tauschwerte zu schaffen, da eine wachsende Gemeinschaft Arbeitsteilung und Spezialisierung erfordert.

Soziale Bedürfnisse

Sind wir „sicher sauber satt" wünschen wir uns Freunde, Nächstenliebe, Liebe, Partnerschaft, Sexualität, Fürsorge und Kommunikation. Die Kulturbedürfnisse erwachen, Funktionalität weicht der Ästhetik, Bildung wird zunehmend wichtig, sowohl als Möglichkeit des sozialen Austauschs, als auch als Wissensspeicher für die folgenden Generationen.

Anerkennung und Wertschätzung

Wenn die vorherigen Bedürfnisse gestillt sind, möchten auch unsere Wichtigkeit und Bedeutung wahrgenommen und zum Ausdruck gebracht werden. Wir wollen für unser Tun oder unser Sein aus der Masse hervorstechen und wünschen uns ‚follower' die das Schokostreuselmuster auf unserem morgendlichen Bananensplit bewundern. Oder wir leisten besondere Beiträge für die Gemeinschaft. Nicht immer aus Selbstlosigkeit und Notwendigkeit, gelegentlich auch, um Applaus zu erheischen.

Die unerfüllten Bedürfnisse haben für jeden die oberste Priorität. Wer noch das Bedürfnis nach Anerkennung und Wertschätzung hat, wird schwerlich für Angebote zum Thema Selbstverwirklichung zu begeistern sein. Es ist schwierig bis unmöglich, ein Bedürfnis höherer Ebenen zu wecken, geschweige denn zu befriedigen, wenn das Bedürfnis auf der niedrigeren, existenzielleren Ebene nicht erfüllt ist.

Eine Reisegruppe, die auf einer einsamen Insel strandet oder notlandet, würde sehr wahrscheinlich in genau der Reihenfolge mit der Selbstversorgung beginnen, um das Überleben bis zur Rettung sicherzustellen.

Also, theoretisch; denn praktisch gilt zu berücksichtigen, dass es nicht nur die Grundbedürfnisse gibt, die auf Überleben ausgerichtet sind und auf spätere Selbstverwirklichung. Es gibt auch noch weitere, die *psychologische Bedürfnisse* genannt werden. Diese laufen wie eine zweite Tonspur mit.

Es handelt sich um Wahrnehmungs-, Sicht- und Verhaltensweisen, mit denen das individuelle psychologische Bedürfnis gestillt und gesichert werden soll. So nach dem Motto „*Palmendach drauf, Hütte fertig - check!*" - heimlicher Blick zum Nachbarn, check! - „*Mein Dach ist schöner als seins CHECK!*".

Es gibt eine Vielzahl von psychologischen Theorien zu den Bedürfnissen, da so ziemlich alle bekannten Psychologen und Soziologen auch mal zu diesem Thema geforscht und geschrieben haben.

Ich beschreibe im Folgenden das Modell von Alfred Adler, dem Begründer der Individualpsychologie, dessen Modell mir seit Jahrzehnten vertraut ist und das sich aufgrund seiner guten Nachvollziehbarkeit in vielen Coachings und Seminaren bewährt hat. Er spricht dabei von Lebensstilprioritäten.

"Wer seine Bedürfnisse nicht kennt, wird nie
zufrieden sein."

Lao Tse

"Wer seine Bedürfnisse erfüllt, ist reicher als der,
der nur Wünsche erfüllt."

William Shakespeare

"Wahre Bedürfnisse sind einfach, künstliche
Bedürfnisse sind endlos."

Sokrates

"Bedürfnisse sind die Wurzeln der Motivation."

Abraham Maslow

"Bedürfnisse sind die Triebfedern des Fortschritts."

Henry Ford

"Wer seine Bedürfnisse erfüllt, hat keine Ängste
mehr."

Sigmund Freud

"Bedürfnisse sind die Quelle aller Kreativität."

Pablo Picasso

„Das größte Bedürfnis des Menschen ist es,
verstanden zu werden."

Ralph Waldo Emerson

Lebensstilprioritäten

Alfred Adler, ein Schüler Sigmund Freuds und Begründer der Individualpsychologie, erforschte, was, über die Grundbedürfnisse hinaus, das Verhalten von Menschen bestimmt.

In diesen Prioritäten kommt zum Ausdruck, was für einen Menschen besonders wichtig ist und somit sein Verhalten bestimmt und lenkt. Auch wenn die Lebensstile sehr individuell sind, gibt es doch übereinstimmende Grund-aus-richtungen, Prioritäten genannt.

Ein Aspekt ist dabei, ob der Mensch von seinem Naturell her eher aktiv oder eher passiv ist. Ein weiterer Aspekt betrachtet, ob er sich der Welt und der Gemeinschaft eher zuwendet, oder ob es sich von ihr abwendet. Dies lässt sich in einem Diagramm als aktiv, passiv (horizontal) und welt- und zugewandt bzw. abgewandt (vertikal) darstellen:

Es ergeben sich vier Sektoren, die den vier Lebensstilprioritäten zugeordnet werden können:

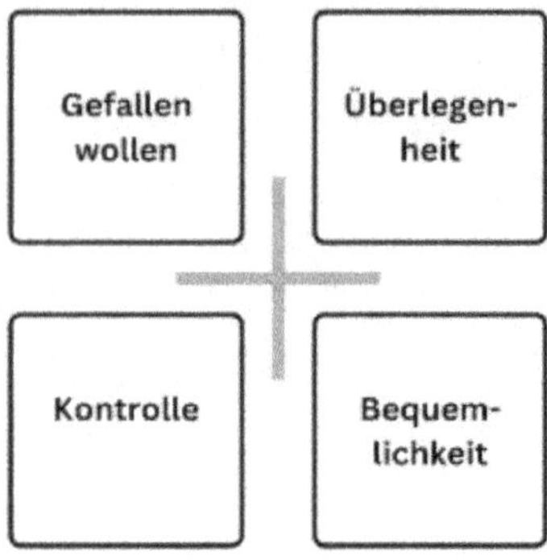

Diese Lebensstilprioritäten sind mit bestimmten Persönlichkeitsaspekten und Verhaltenstendenzen verbunden.

Ein geistig gesunder Mensch hat von allem etwas, aber eine Priorität ist ein klein wenig stärker ausgeprägt als die anderen. In Zeiten von Stress und Angst orientieren wir uns am ehesten an der Priorität, die am stärksten ausgeprägt ist.

Beispiel: Ein wegen seiner Faulheit gescholtener Mitarbeiter arbeitet noch weniger, weil: *„Wer mehr arbeitet macht mehr Fehler und die gilt es zu vermeiden."*
Schauen wir uns die vier ‚Typen' mal in Ruhe ein wenig ausführlicher an:

Bequemlichkeit

„Probier's mal mit Bequemlichkeit!

Ach was, mach ich selbst.“

Ich bin nicht faul, ich bin energiesparend.

Menschen mit der Priorität **Bequemlichkeit** möchten es angenehm haben, mögen es behaglich, können und wollen mit allen Sinnen genießen. Sie wollen nicht gestört werden, sind ruhig und wollen nicht ‚müssen'. Eher lassen sie - passiv - ein Donnerwetter über sich ergehen, als sich anzustrengen, um ein Donnerwetter zu verhindern.

Menschen mit dieser Lebensstilpriorität sind häufig wohlwollend und unbekümmert. Sie fallen nicht negativ auf, sind weder trotzig noch anspruchsvoll. Sie können sich gut einfügen und das Leben um sich herum organisieren und Arbeit oder andere Unbequemlichkeiten weg delegieren.

Sie verfügen über eine präzise Wahrnehmung sowie Ausdauer, Freude am Leben und Schaffen eine gute Atmosphäre. Wenn man ihre Kreise nicht stört, sind sie angenehme Zeitgenossen und schaffen eine gemütliche, friedliebende Umgebung, sind diplomatisch und können gut zuhören. Sie beschäftigen sich mit ihren eigenen Angelegenheiten.

Menschen mit der Lebensstilpriorität Bequemlichkeit vermeiden Enttäuschungen und sind wenig ehrgeizig. Der Antrieb ist gering ausgeprägt, Konflikte werden gemieden. Da sie gerne andere für sich arbeiten lassen, sind sie gelegentlich ungeduldig und erwarten eine umgehende oder zumindest kurzfristige Bedürfniserfüllung. In Teams werden sie häufig als Trittbrettfahrer erlebt.

Denn wer die Bequemlichkeit voranstellt, kann nicht viel schaffen. Lieber wollen sie in Ruhe gelassen werden, stellen andere in ihren Dienst, drücken sich vor Verantwortung und sind oft „auf dem Sprung" oder gar auf der Flucht. Das kann so weit gehen, dass sie Veränderungs- und Entwicklungsmöglichkeiten für das Team / die Familie behindern. Denn wenn sich das System ändert, müssen sie sich ja auch verändern, aber wozu die Mühe.

Menschen mit der Priorität Bequemlichkeit haben möglicherweise durch überfürsorgliche und verwöhnende Erziehung erfahren, dass andere nicht nur die Arbeit machen, sondern auch alles besser können. Wenn sie Initiativen ergriffen, wurden sie entmutigt oder sie versagten. Sie zeigten immer weniger Initiative und ihre Passivität nahm zu. Schließlich wurden unter Druck von ihnen Handlungen verlangt mit der moralischen Maxime, „nicht faul zu sein". Gegen diesen Druck, den sie zu vermeiden suchen, entwickeln sie dann entsprechend starke Widerstände.

Menschen mit dieser Lebensstilpriorität demonstrieren häufig nonverbal ihre Hilflosigkeit. Sie werden krank, wenn ihnen der Druck zu groß wird, und stellen andere in ihren Dienst, um sich selbst vom Druck zu befreien. *„Hier mach Du mal!"* *„Kannst Du mal eben?" „Ich muss…, übernimmst Du? mal kurz…?".* Da ihnen ein funktionierendes Zeit- und Selbstmanagement zu viel Mühe bedeutet, improvisieren sie das Nötigste. Oder sie schaffen sich eine Umwelt, in der möglichst viel automatisiert und damit mühelos abläuft.

Ein Mensch mit der Lebensstilpriorität Bequemlichkeit ist meist mit einer eher gleichförmigen, gleichartigen Tätigkeit gut bedient, in der ihm nicht zu viel Initiative abverlangt wird. Menschen mit anderen Lebensstilprioritäten würden diese Tätigkeiten eventuell als eintönig oder langweilig bezeichnen. Der Bequeme ist aber mit jeder Aufgabe zufrieden, die er möglichst chillig erledigen kann und ihm genug körperliche wie geistige Kraftreserven lässt, das süße Nichtstun im Feierabend so richtig auszukosten

Die Neigung, immer gleiche Tätigkeiten, zum Zwecke der Risikominimierung, möglichst gut zu erbringen, macht sie für ein Team wertvoll. Sie geben häufig gute Spezialisten oder Berater ab, sofern die Art ihrer Tätigkeit ihnen nur ein Mindestmaß an Entscheidungen oder Empfehlungen abverlangt. Tätigkeiten, die Dynamik, Eigeninitiative – ein Verlassen der Komfortzone – erforderlich machen, sind dagegen eher ungeeignet für den Bequemlichkeitsliebenden.

Die Fähigkeit, Ruhe zu vermitteln und Kontinuität vorzuleben wird derzeit in unserer Gesellschaft immer wichtiger. Denn der Bequemlichkeitsliebende hat genau das, was wir in unserer Gesellschaft brauchen, nämlich die Fähigkeit, Ruhe, Wärme, eine behagliche Atmosphäre zu verbreiten und anderen zu helfen, ihren Stress auszugleichen.

Bezogen auf die oben erwähnte Gruppe Gestrandeter würden Bequeme sich freiwillig für die

Bauüberwachung melden und sich dann einen möglichst bequemen und schattigen Ort suchen, von dem aus sie möglichst viele der Aktivitäten im Blick haben. Von dort aus würden sie dann Boten aussenden, die der arbeitenden Bevölkerung mitteilen, was anders oder besser zu machen wäre. *"Alle schön fleißig – check!"*

Im Bürgerbüro, beim Steuerberater oder im Finanzamt tauchen sie mit einem Sack voll Papieren auf und erwarten, dass man das Formular mit ihnen zusammen ausfüllt. Denn sie halten die spitzen Bemerkungen oder die Gardinenpredigt eher aus, als sie sich überwinden können, die Formulare selbst auszufüllen.

Tipp für einen Besuch bei den Bequemen: ‚*Snowflake Mountain*' auf Netflix.

Gefallen wollen

„Piep, Piep, Piep, habt mich bitte lieb"

Menschen mit der Lebensstilpriorität **Gefallen wollen** wünschen sich, von anderen gemocht zu werden. Ihre Mitmenschen sollen sie mögen und gerne haben, sie akzeptieren und nett finden, keinesfalls gegen sie sein. Dafür ist ihnen keine Mühe zu groß. Bevor die Putzfrau kommt, wird noch schnell durchgewischt und der Zahnarzttermin wird terminlich mit dem vorherigen Friseurbesuch abgestimmt.

Menschen mit dieser Lebensstilpriorität können oft gut Kontakte herstellen und Beziehungen pflegen. Sie sind rücksichtsvoll, hilfsbereit, verfügen über Ausdauer und diplomatische Fähigkeiten.

Sie können harmonisieren, Frieden stiften helfen und Erwartungen erfüllen. Sie sind freundlich, tolerant und flexibel und können sich gut in andere Menschen einfühlen.

Menschen mit dieser Lebensstilpriorität haben oft eine geringe Selbsteinschätzung, lieben, achten und respektieren sich selbst nicht genügend. Sie fühlen sich nicht zugehörig, wenn sie meinen, nicht zu gefallen. Sie sind nicht besonders mutig und geben häufig hauptsächlich nur, um etwas zurückzubekommen. Im Rahmen dessen, wovon sie überzeugt sind, geben sie jedoch häufig zu viel. Im knappen Minikleid zur Weihnachtsfeier und dann die Feiertage über mit Nierenbeckenentzündung im Bett kommt häufiger vor. Insbesondere, wenn man niemanden fragt, ob er einen im Auto mitnehmen kann, um nicht zur Last zu fallen.

Wer sich immer nach anderen richtet, damit man ihn akzeptiert und ihm nicht böse ist, muss eigene Wünsche zurückstellen. Er findet kaum eine eigene Linie, er entwickelt keine klare Persönlichkeit. Sie sind manchmal wie ein Stück Knetgummi, das in einem Puzzlekarton liegt. Es hat keine klare

Kante, man weiß nicht wohin damit. Es kann überall eingepasst werden, wirkt dann aber doch irgendwie nicht am richtigen Platz.

Menschen mit dieser Lebensstilpriorität können kaum oder gar nicht „*Nein*" sagen und ihr „*Ja*" oft nicht halten. Zum Beispiel auch, indem sie sich zu viel aufladen und dann doch nicht alles schaffen. Sie richten sich in der Meinungsbildung nach anderen und gehen keine Risiken ein. Sie stellen indirekt hohe Anforderungen an den Partner und suchen ständig die Bestätigung des Geliebt- oder Angenommen seins, fragen „*Liebst du mich noch?*". Manche haben wenig Selbstachtung und erwarten auch keinen Respekt von anderen.

Die Menschen mit der Priorität Gefallen wollen haben durch Ablehnung oder durch eine inkonsequente Erziehung, gelernt, dass Liebe durch ständige Anpassung oder Leistung erkauft werden muss. Meist ist ihnen noch nicht klar geworden, dass sie liebenswert sind, so wie sie sind. Also versuchen sie, Ablehnung zu vermeiden und schaufeln damit ihr eigenes Grab; weil sie sich übertrieben gefällig verhalten, lehnt man sie ab.

Solange sie Gefahr laufen, auf Ablehnung zu stoßen, sind sie handlungsunfähig. Erst wenn sie sicher sind, oder man ihnen versichert hat, dass alles in Ordnung ist und sie akzeptiert und gemocht werden, können sie einen Beitrag zur Gemeinschaft leisten.

Menschen mit der Priorität Gefallen wollen demonstrieren häufig nonverbal ihre Freundlichkeit oder Traurigkeit. Sie entwickeln Mitleid und verspüren die Neigung, ihre Mitmenschen zu trösten, und wenn es ginge, ihn in den Arm zu nehmen, aber auf jeden Fall Mitgefühl zu zeigen. Menschen mit dieser Lebensstilpriorität werden krank, wenn sie abgelehnt werden und werden alles versuchen, um die Beziehung durch Mitleid zu erregen, herzustellen oder aufrecht zu erhalten.

Menschen mit der Lebensstilpriorität Gefallen wollen sind beruflich im Sozialdienst oder in pflegenden Berufen gut aufgehoben, da sie sich dort voll ausleben können. In den darstellenden oder bildenden Künsten, wo einer guten Vorstellung oder Präsentation der gewünschte Erfolg (in Form von Applaus oder Anerkennung) folgt, können sie sich auch wohl fühlen. Brauchen aber einen starken ‚harten Kern‘, der ihnen Halt gibt, damit sie nicht aufs falsche Gleis geraten und abstürzen. (PS: Viele Künstler, die in den letzten Jahren über sich selbst gestolpert sind, hatten übrigens kein ausreichend tragfähiges soziales Netz mehr.)

Im privaten Bereich finden sie Gefallen an geselligen Aktivitäten oder solchen, bei denen es um ein gemeinschaftliches Erleben geht – idealerweise, indem sie einen Beitrag leisten können, der anerkannt wird. Tätigkeiten, in denen sie von anderen Menschen abgeschnitten sind oder in denen es auf eine hohe Frustrationstoleranz (Vertrieb, Forschung, Entwicklung, Reklamationen) ankommt, sollten eher vermieden werden. Sie sind häufig der Sonnenschein in unserer Gesellschaft. Sie vermitteln Freude und haben ein feines psychologisches Empfinden, um für andere das zu tun, was diese brauchen, noch bevor die ihre Wünsche selbst ausgesprochen haben.

Im Bürgerbüro, beim Steuerberater oder im Finanzamt tauchen sie hervorragend vorbereitet und perfekt gestylt auf nach dem Motto: *„Am liebsten gut ankommen, schlimmstenfalls keinen Anlass zur Klage geben!"*.
Bezogen auf unsere Survivalgruppe bemühen sie sich, mit ihren eigenen Aktivitäten niemandem zu stören. Ihr Tun und das, was sie dabei erschaffen, soll eher noch den anderen gefallen als ihnen selbst. Aber viel wahrscheinlicher ist, dass sie unter nacktem Sternenhimmel schlafen, weil sie den anderen geholfen haben und darum selbst nicht fertig wurden. Oder sie verschandeln ihr Dach, damit niemand traurig ist, weil seins hässlicher ist *„Check!"*.

Kontrolle

Menschen mit der Lebensstilpriorität **Kontrolle** wünschen sich Sicherheit, überschaubare Verhältnisse, Ordnung und Schutz vor unerwarteten Bedrohungen und Gefahren.

Sie können gut führen, organisieren, sind pünktlich und zuverlässig und übernehmen Verantwortung. Sie gehen kein Risiko ein, haben einen Sinn für Gesetze und Vorschriften und ein gutes Zeitgefühl. Sie sind produktiv, präzise und fleißig. Menschen mit dieser Lebensstilpriorität halten durch und schaffen Ordnung. Man kann sie als ‚Selbststarter' bezeichnen. Allerdings können sie nicht handeln, solange sie nicht wissen, wo es lang geht. Aber sobald sie das rausgefunden haben, gehen sie den Weg unbeirrt und – richtig – kontrollieren, dass alle Mitreisenden ‚in der Spur bleiben‘.

Menschen mit dieser Lebensstilpriorität kontrollieren Situationen und andere Menschen (gerne) und lassen den Dingen ungern ihren natürlichen (weil unkontrollierbaren) Lauf. Durch ein Übermaß an Selbstkontrolle sind sie häufig verkrampft, gefühlsarm, wenig kreativ und entmutigen ihre Mitmenschen durch unerfüllbare Perfektionsansprüche.

Wer vor allem auf Kontrolle und Sicherheit aus ist, schränkt damit die eigenen Entfaltungsmöglichkeiten ein. Im persönlichen Bereich bleibt er distanziert. Ihm droht die Einsamkeit. Er hält Gedanken und Gefühle zurück, was zu einem Verlust von Spontaneität führt. Er blockt Annäherungsversuche ab, weil Verlauf und Ausgang meist nicht absehbar sind.

Seine Ordnung und seine Pläne sind wichtiger als menschliche Beziehungen. Er bestimmt das Tempo der Annäherung und vermeidet das Erleben von Glück und Traurigkeit.

Menschen mit der Priorität Kontrolle werden krank, wenn die Situation unübersichtlich wird oder die Konsequenzen ihres Verhaltens nicht mehr vorhersagbar sind, um zum Beispiel durch einen taktischen Rückzug Selbständigkeit / Unabhängigkeit (= Sicherheit) zurückzugewinnen.

Menschen mit dieser Lebensstilpriorität wissen durch frühkindliche, schmerzliche Erfahrungen, dass das Leben oder die Menschen bedrohlich, schlecht, unberechenbar sein können. Aus diesem Grunde sichern sie sich ab und sind lieber von anderen unabhängig. Weil sie aber immer mehr Sicherheiten einbauen, verbauen sie sich letzten Endes den letzten Fluchtweg. Und erreichen oft auch das Gegenteil dessen, was sie sich wünschen. Denn man kann nicht kontrollieren, geliebt zu werden.

Menschen mit der Priorität Kontrolle demonstrieren nonverbal oft ihren Unabhängigkeitskampf. Oft fühlen sie sich vom Kontakt abgeschnitten, überflüssig, eingeschüchtert oder herausgefordert. Im schlimmsten Fall werden sie einen Beziehungspartner meiden oder die Begegnungen auf ein Mindestmaß reduzieren. Sie sind entweder mit sich beschäftigt, im Rückzug aus der Beziehung oder werden sogar aggressiv, wenn sie sich in die Ecke gedrängt fühlen und die Situation nicht mehr kontrollieren können.

In der Berufswahl sind Menschen mit der Priorität Kontrolle gut aufgestellt als Buchhalter, Controller oder Statiker. Überall dort, wo er Einblick in Prozesse nehmen und auf diese einwirken kann, fühlt er sich wohl. Als Chirurg oder Pilot (Risiken eingehen) oder als Künstler (wenig planbar und kreativ) hätten sie es dagegen sicherlich sehr schwer.

Menschen mit der Lebensstilpriorität Kontrolle können, mit ihrer Ordnungsliebe, mit ihrer Fähigkeit, übersichtliche Verhältnisse zu schaffen und Sicherheit zu vermitteln, aber auch durch ihre Gründlichkeit und Zuverlässigkeit das Rückgrat der Gesellschaft bilden.

Dank 'Dr. Google' wissen sie schon mehr über ihre Krankheit als der Arzt, den sie aufsuchen und können diesen dann auch gleich informieren, dass es ein besseres Medikament gibt, als das, was der Medizinmann ihnen aufschreiben wollte. Frei nach dem Motto *„Lieber einen Freund gehängt, als eine Kontrollchance verschenkt".*

Bezogen auf unsere Survivalgruppe laufen sie mit dem Maßband zwischen den Hütten herum und kontrollieren die Abstände, Breite, Höhe, Länge, Materialverwendung, machen auf Materialverschwendung aufmerksam, essen die von den anderen gesammelten Beeren erst, wenn sie durch eigene Recherchen absolut sicher sind, dass diese essbar sind. Vermutlich gründen sie sogar eher ein Bauordnungsamt oder ein Entwicklungsministerium, bevor sie eine einzige Banane pflücken gehen. *„Regel entworfen, veröffentlicht, Einhaltung geprüft – check!"*.

Überlegenheit

„schneller, teurer, besser, seltener, egal, Hauptsache als erster im Stau"

Menschen mit der Lebensstilpriorität Überlegenheit leisten gerne einen Beitrag, sorgen für andere und verlangen nach Wissen, Gerechtigkeit und Wahrheit. Insbesondere dann, wenn sie dabei beweisen können, dass das niemand so gut kann wie sie. Sie sind meist aufgeschlossen für Neuerungen, weisen häufig eine Begabung dafür auf, Verantwortung zu übernehmen, viel zu leisten, und teilweise auch, Mitarbeiter zu führen. Sie sind ehrgeizig, fleißig und genau. Sie entwickeln neue Ideen und bringen diese ein Sie können andere begeistern, sind dynamisch und arbeiten auch für Ideale. Sie wissen, was sie wollen und haben teilweise hohe moralische Werte.

Sie wollen etwas darstellen, der Stärkste, der Reichste, der Klügste sein. Sie wollen gewinnen. Wem die Überlegenheit an erster Stelle steht, der hat oft mit Überlastungen und Überforderung zu bezahlen, vielleicht auch mit der Einsamkeit, die mit der sprichwörtlichen „ein-samen Spitze" verbunden ist.

Sie sind aber auch gelegentlich besserwisserisch, wollen im Vergleich zu anderen gewinnen, besser sein, nützlicher sein und scheuen zu diesem Zweck auch schon einmal nicht davor zurück, sich selbst zum Opfer oder Märtyrer zu machen. Sie haben Angst vor Fehlern, beschäftigen sich am liebsten mit Erfolg versprechenden Dingen. Manche bürden sich zu viel auf, andere spielen mit den Schuldgefühlen der anderen. Zum Beispiel, um sich im Vergleich einen Vorteil zu verschaffen.

Sie denken in Kategorien von *„oben und unten"*, *„mehr und weniger"*, *„gut und schlecht"*. Manchmal sind sie lieber *„der Schlechteste"* als nur Mittelmaß.

Menschen mit der Priorität Überlegenheit haben als Kind meist erfahren, dass sie nur einen Wert haben, wenn sie besser sind. Gut sein ist nicht gut genug. Die schmerzlichen, frühkindlichen Erfahrungen des Wertloseins versuchen sie mit ihrem Überlegenheitsstreben zu heilen und eine Wiederholung zu verhindern.

Weil sie ihre Überlegenheit zu sehr zur Schau stellen, fordern sie andere geradezu heraus, sie abzuwerten. Damit erschaffen sie dann eine selbst erfüllende Prophezeiung.

Menschen mit der Lebensstilpriorität Überlegenheit demonstrieren häufig nonverbal, dass sie trotz Schwierigkeiten leistungsfähig sind. Sie entschuldigen ihre Fehler und spielen sich ein wenig auf, um ihre Leistung, durch das zusätzliche Überwinden der Schwierigkeiten noch mehr hervorzuheben. *„Du hast ja einen Kuchen gebacken, wie aufmerksam!" - „Ja, und dabei war so ein langer Stau an der Supermarktkasse, bis zur Fleischtheke. Und das hat so lange gedauert, dass es regnete, als ich endlich aus dem Supermarkt heraus war."*

Menschen mit der Priorität Überlegenheit werden krank, wenn sie sich unterlegen fühlen. Sie wünschen sich Schonung und Entschuldigung für die eigenen Mängel und wollen auch so ihr Überlegenheitsgefühl sichern. Sie können nicht handeln, solange sie befürchten müssen, als bedeutungslos dazustehen.

Menschen mit dieser Lebensstilpriorität sind häufig in Führungspositionen anzutreffen, in denen sie ihre Mitarbeiter motivieren können und vom eigenen sowie dem Erfolg der Mitarbeiter beflügelt werden. Leitungspositionen mit einem großen Gestaltungsraum oder Spezialisten-Aufgaben mit hinreichend Gelegenheit, sich zu beweisen, sind für sie ebenso geeignet. Allerdings benötigen sie auch eine Rückzugsmöglichkeit, um mit Misserfolgen klarzukommen und sind gelegentlich nicht so erfolgreich wie sie sein könnten, wenn sie sich auch einmal auf risikoreichere oder weniger prestigeträchtige Aufgaben einlassen würden.

Wer mit der Priorität ‚Überlegenheit' ausgestattet ist, verfügt über einige bemerkenswerte Eigenschaften. Zum Beispiel der Fähigkeit zu erkennen, wo Veränderungen notwendig sind. Außerdem bringt er die Bereitschaft mit, sich für Veränderungen einzusetzen und dafür seine Bequemlichkeit zu opfern. Er nimmt auch freiwillig Beanspruchung und Überlastung in Kauf und ist häufig ein wesentlicher Antrieb für die Entwicklung einer Gesellschaft.

Herr Überlegenheit ist in der Regel mit dem schnellsten Auto der Stadt unterwegs. In feinste Maßkonfektion gekleidet und geschmückt mit einer Armbanduhr, die mehr Gangreserve hat als seine eigenen Beine. Dies ist quasi seine Rüstung, mit der er sich den Herausforderungen stellt. Auf ein Problem angesprochen, kennt er zumindest zwei viel größere Probleme, die er schon bewältigt hat, auch wenn ihm zum aktuell vorliegenden noch keine konkreten Lösungsideen einfallen.

Bezogen auf unsere Survivalgruppe würde die Hütte des Überlebenden als erste über einen Frischwasseranschluss verfügen und als einzige eine sehr seltene Blume im Vorgarten haben. Der Jagdgruppe zugeteilt bring er entweder den größten Fisch nach Hause, oder erzählt sehr lebendig davon, wie ihm der größte Fisch der Lagune von der Harpune sprang. Gegenteilige Behauptungen sind natürlich *„Fake-News, aber die allerneuesten - check!"*.

Lebensstilprioritäten und Angst

Allgemein kann man sagen, ein Mensch versucht seine Grundbedürfnisse zu befriedigen. Mit ein wenig Unterstützung oder ohne gewichtige Hinderungsgründe wird er sich dabei weiterentwickeln, bis er sich auf der Ebene der Selbstverwirklichung ausleben kann. Dabei wird er auf der ganzen Reise seine Erlebnisse, seine Einfälle und Verhaltensweisen an seiner Lebensstilpriorität messen und auf diese ausrichten. Was nutzt es, sicher sauber satt und sozial eingebunden und unterhalten auf der Insel zu sitzen, wenn er nicht die größte Hütte hat, den schönsten Garten, den pflegeleichtesten Vorgarten, das beste Nachbarschaftsüberwachungssystem?

Sobald Probleme auftreten, die nicht mit den üblichen Mitteln gelöst werden können oder neu sind, wird versucht, das Problem mit den gegebenen Mitteln und im Sinne der Lebensstilpriorität zu lösen. Es wird ein leichter Weg gesucht, eine Möglichkeit, die Problemlösung zu inszenieren, die bestmögliche Lösung oder das narrensichere Konzept mit Schritt-für-Schritt-Überwachung zu erfinden.

Gelingt dies nicht, löst das Angst aus. Denn nun steht der Betroffene nicht nur vor einem Problem, sondern vor einem Problem, das er nicht mit dem lösen kann, was ihm am vertrautesten und am wichtigsten ist.

Das gleiche passiert, wenn man einem Menschen die Möglichkeit nimmt, seine Lebensstilpriorität auszuleben. Ein Kontroll-Typ, dem - zum Beispiel in den Labyrinthen der Bürokratie jede Kontrollmöglichkeit genommen wird, fühlt sich schnell wie ein Chamäleon, das man auf einen Haufen Konfetti setzt und Diskobeleuchtung aussetzt. Ein Bequemlichkeitstyp, der sich durch Berge von Antragsformularen und Erläuterungen wühlen muss, wird sich evtl. einen Weg suchen, dem zu entgehen und sein Leben ‚außerstaatlich‘ zu regeln.

Typ Gefallen wollen verzweifelt bei dem Versuch, eine Auskunft zu seinem Telefonanschluss, seiner Versicherung oder sonst etwas zu bekommen, während sein Bedürfnis nach Akzeptanz und Sympathie zwischen diversen Telefon-Robotern und Warteschleifen ohne menschlichen Kontakt verkümmert. Während Modell Überlegenheit seine Frustration, sich zum Zwecke der Zielerreichung auch mal unterordnen zu müssen bei nächster Gelegenheit an anderer Stelle abarbeiten muss.

Die Lebensumstände bestimmen, **was** wir tun. Die Lebensstilpriorität bestimmt, **wie** wir es tun. Wenn das, was uns wichtig ist, gefährdet ist oder unterbunden wird, macht das Angst. Um die Angst zu kontrollieren, wird der Lebensstilpriorität noch mehr Wert beigemessen. Wir versuchen mehr vom Gleichen, obwohl wir schon erfahren haben, dass das in der Situation nicht funktioniert. Ich denke, jetzt wird verständlich, was Albert Einstein meinte, als er sagte *„Wahnsinn, das ist, wenn man etwas, das nicht funktioniert immer wieder tut und jedes Mal ein anderes Ergebnis erwartet"*.

 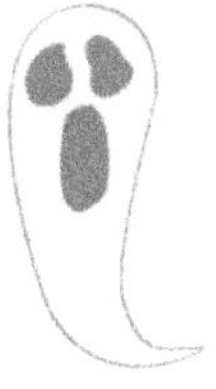

Monokulturen

Wenn man die Lebensstilpriorität mit einem kleinen Psychotest ermittelt, dann zeigt sich in der Auswertung häufig eine Rautenform. Ein Wert ist etwas stärker ausgeprägt, ein zweiter liegt knapp darunter und die zwei weiteren sind nicht ganz so stark gewichtet.

Eine solche Rauten- oder Diamantenform zeigt, dass die getestete Person einen großen Handlungsbereich hat, in dem sie funktioniert und über Wahlmöglichkeit für verschiedene Aktions- und Reaktionsweisen verfügt.

Problematisch wird es, wenn ein Wert, z.B. Kontrolle, stark ausgeprägt ist und die anderen Aspekte kaum oder gar nicht auftauchen. Dann ist das Beharren auf diesem einen Aspekt seine einzige Handlungsmöglichkeit.

Wenn Kontrolle dann nicht funktioniert, kann der Betroffene nur eins tun: MEHR Kontrolle ausüben. Der Bequeme wird noch fauler, der Überlegenheits-Typ bauscht sich und sein Tun noch mehr auf und der Gefallen-Wollen-Typ bringt sich fast um in dem Versuch, gut anzukommen.

Fatale Kombinationen

Ebenfalls ungünstig ist es, wenn der Test zeigt, dass zwar zwei Lebensstilprioritäten stärker ausfallen, diese aber im Widerstreit stehen.

Die **Kombination Bequemlichkeit plus Überlegenheit** würde einen Charakter ergeben, der ständig gefrustet ist, weil er einerseits zu faul ist, besser als die anderen zu sein, andererseits aber nach Möglichkeiten sucht, trotzdem die gefühlte Differenz zwischen dem Bedürfnis und der Realität zu schließen. Wir schauen uns diesen Typus nachher noch ausführlicher beim Thema Minderwertigkeitsgefühle an. An dieser Stelle möchte ich nur als Beispiel den viel zitierten ‚Linksschleicher‘ nennen. Der untermotorisiert oder ohne verkehrstechnische Notwendigkeit die Überholspur zur Kriechspur macht und erst verlässt, wenn er seine Ausfahrt erreicht hat.

Während der B+Ü-Typ seinen Frust häufig, zum Bespiel passiv-aggressiv, an Umwelt und Mitmenschen auslässt, hat der Typ **Kontrolle plus Gemocht** werden ein ganz anderes Problem. Denn einerseits muss er seinem Bedürfnis nachgeben, zu kontrollieren, was um ihn herum geschieht.

Andererseits möchte er auch gemocht werden. Da es nicht möglich ist, zu kontrollieren, gemocht und geliebt zu werden, strengt der K+G-Typ sich noch mehr an und bringt sich fast um, bei dem Versuch, gemocht zu werden. Oder aber er übt mehr Kontrolle aus, um seine befürchteten Verluste zu begrenzen, was bei den wenigsten Menschen Anlass zu Freude und vermehrter Sympathie ist.

Die Kombination aus Bequemlichkeit und Kontrolle stelle ich mir so vor, dass alles vollautomatisiert ist. Sobald ein kritischer Messwert unter- oder überschritten wird, erfolgt automatisch eine Meldung und idealerweise gleich eine vorprogrammierte Lösung. Chefs haben häufig die Erwartung, dass genau das passiert. Selbst dann, wenn sie „das" nicht ausdrücklich angeordnet haben. *„Das hätten Sie doch wissen müssen, Sie mit all Ihrer Erfahrung! Da muss doch, quasi automatisch, die Warnlampe angehen, wenn so etwas passiert!"*.

Ich schätze, dass ist der Grund, warum wir in Deutschland schon lange nicht mehr die Innovationstreiber sind, die wir mal waren, dafür immer neue Kontrollmöglichkeiten (Controlling, Revision, Wirtschaftsprüfung, Steuerfahndung, Zollfahndung, Müllpolizei etc.) schaffen.

Die Kombination aus Bequemlichkeit und Gefallen wollen ist da wieder etwas brisanter. Denn wer zu faul ist, sich anzustrengen um gemocht zu werden und darauf besteht „um seiner selbst willen geliebt zu werden", ohne sich liebenswert zu verhalten, der sucht alsbald wieder Möglichkeiten, die Differenz zwischen sich und den anderen zu verkürzen. Da hat er keinen Vorteil von, aber die anderen meist nicht wenige Nachteile. Aus diesem Spannungsfeld entspringen häufig Querulantentum, Mobbing und Denunziantentum. Mehr dazu im Abschnitt Minderwertigkeitsgefühle.

Ich komme später noch einmal hierauf zurück. Fürs Erste wäre es großartig, wenn Du im Alltag Deine Wahrnehmung trainierst, indem Du durch bloßes Beobachten herauszufinden versuchst, ‚was für ein Typ' Dein Gegenüber ist. Später kannst Du Deine Erkenntnisse dann nutzen, um Konflikte zu vermeiden und Probleme zu lösen, indem Du darauf achtest, dass Dein Gegenüber das bekommt, was ihm am wichtigsten ist oder das zumindest nicht gefährdet sieht und verteidigen muss.

Werden unsere Bedürfnisse nicht erfüllt, löst das Angst und Stress aus. Haben wir das bereits erlebt oder oft genug daran gedacht, dann macht uns das Angst. Unser Verhalten passt sich an und dient der vermeintlichen „Gefahrenabwehr". Grundlegende Informationen rund um das Thema Stress findest Du hier:

STRESS:
NO
BIG
DEAL

Frank Ma
STRESS:
NO
BIG
DEAL
Workbook!

Vollpfosten im Stress

Vollpfosten, die unter Stress stehen oder Angst haben verhalten sich häufig auf ähnliche Weise. Am einfachsten zu verstehen sind die Modelle, die Virginia Satir, die ‚Erfinderin' der Familientherapie entwickelt hat. Sie hat sich mit damit beschäftigt, welche ‚Stress-Verhaltensmuster' es gibt und sozusagen als Prototypen menschlichen Verhaltens beschrieben. Sie analysierte ihre Klienten dahingehend, wie sich diese bei Stress und Angst verhielten. Hierbei kristallisierten sich vier (Verhaltens-)Typen heraus, die bestimmte Reaktionsmuster zeigen, welche z.B. durch ein schwaches Selbstwertgefühl und bei starkem Stress ausgelöst werden.

Satir benutzte diese Kategorien, um Familienmitgliedern zu helfen, ihre Kommunikationsmuster zu erkennen und gesündere Interaktionen zu entwickeln.

Dabei sind die Kategorien keine *Persönlichkeitstypen*, sondern Verhaltensmuster, die Menschen in bestimmten, meist stressgeladenen, Situationen zeigen können. Oft kann eine Person mehrere Kategorien nutzen, je nach Kontext und den Menschen um sie herum.

Die vier klassischen Typen heißen:

- Beschwichtiger

- Ankläger

- Rationalisierer

- Ablenker

Zu diesen fertigte Virginia Satir eine Beschreibung und nannte Verhaltensmerkmale, mit deren Hilfe wir die vier Typen erkennen können.

Es handelt sich um Verhaltens- und Reaktionsmuster, die häufig in der Kindheit erlernt werden. Sie kommen dann zum Vorschein, wenn die oben erwähnten (psychologischen) Bedürfnisse nicht erfüllt wurden und das Stress auslöst. Sie sind Ausdruck von Gedanken und Gefühlen, die mit bestimmten Worten, Gesten und Körperhaltungen ausgedrückt werden. Bzw. im Falle des Rationalisierers durch das auffällige Fehlen derselben.

Die Verhaltensmuster werden zum Beispiel gezeigt, um Zurückweisung zu vermeiden oder empfundene Ablehnung zu beseitigen.

Wenn ich diese Verhaltensweisen mit meinen Klienten ansehe und analysiere, finden sich häufig Glaubenssätze, die mit einem geringen Selbstwert in Verbindung stehen (*„ich bin nichts wert"*, *„ich muss mich verteidigen"*, usw.)

Starten wir zunächst mir einer Pfostologie und knabbern uns dann an die Lösungsstrategien heran.

Der Beschwichtiger

„Aber aber meine Damen und Herren,

wir wollen und doch nicht echauffieren!"

Beschwichtiger versuchen, Konflikte zu vermeiden, indem sie die Bedürfnisse anderer über ihre eigenen stellen. Sie neigen dazu, sich anzupassen und zu gefallen, um Konfrontationen zu vermeiden. Nicht selten ist Ihre Lebensstilpriorität ‚Gefallen wollen/gemocht werden'.

Der Beschwichtiger hat häufig Gedanken und Gefühle, die mit seinem Wert verbunden sind, zum Beispiel Selbstwert, Wertlosigkeit, Nichtigkeit, Hilflosigkeit. Seine Körperhaltung soll das Gegenüber versöhnlich stimmen, er formuliert seine Aussagen und vor allem Antworten zustimmend und beschwichtigend.

Der Beschwichtiger windet sich und verdreht sich, duckt sich und zeigt unterwürfige Gesten (die Kehle darbieten, die Hände mit nach oben gerichteten Handflächen auf den Beinen).

Während er mit weit aufgerissenen Augen alles um ihn herum wahrzunehmen versucht, spricht er mit leiser, dünner und oft einschmeichelnd modulierter Stimme. Er stimmt leicht und oft zu, mildert seine Aussagen oft mit einschränkenden Worten ab: *„könnte, würde, wenn nur, usw.“*

In (Video-)Konferenzen versucht er, zwischen gegensätzlichen Positionen zu vermitteln. Aber meist nur solange er selbst nicht angegriffen wird. Dann gilt schon mal Adenauers *„Was schert mich mein Geschwätz von gestern!?“*

Beschwichtiger versuchen aber überwiegend, die Harmonie aufrechtzuerhalten, indem sie sich um andere kümmern und deren Zustimmung suchen.

Beispiele für typische Aussagen des Musters ‚Beschwichtiger‘:

"Es ist okay, ich passe mich an, mache, was du willst."

"Ich möchte dich nicht verärgern, also werde ich tun, was du sagst."

"Ich bin dir gegenüber immer nachgiebig, weil ich dich nicht verlieren will."

"Es ist mir egal, was ich will, solange du glücklich bist."

<u>Tipps für den Umgang mit Beschwichtigern:</u>

- Achte auf deine eigenen Bedürfnisse und setz klare Grenzen.
- Sprich deine eigenen Meinungen und Wünsche aus, anstatt sie zu unterdrücken.
- Baue Selbstwertgefühl und Selbstachtung auf, um dich von der ständigen Anpassung zu lösen.
- Ermutige den anderen, ihre eigenen Meinungen und Bedürfnisse auszudrücken.

Der Ankläger (Beschuldiger)

„Das ist ganz klar Ihre schuld!

Hätten Sie mir keine Fake-News geliefert,

hätte ich eine bessere Entscheidung treffen können!"

Der Ankläger fühlt sich häufig einsam und erfolglos. Die Körperhaltung ist meist angreifend, fordernd oder anklagend. Er widerspricht oder stellt Dinge richtig. Oft, indem er dem Gegenüber seine Unzulänglichkeiten vorwirft.

Der Ankläger zeigt meist eine starre, leicht vorgeneigte Haltung. Er atmet flach, zeigt sowohl vorwurfsvolle Gesten als auch mit erregter Mimik, sobald etwas sein Missfallen erregt hat. Er spricht mit harter Stimme und generalisiert oft und gerne (alles, jeder, immer). Er setzt andere mit seinen Worten und abfälligen Gesten herab.

Bei Video-Konferenzen ist seine Kamera so eingestellt, dass der Eindruck entsteht, man würde zu ihm aufblicken. Ob Life oder per Videoschalte, er redet gerne Beitrage der anderen Gesprächsteilnehmer nieder, wenn sie ihm nicht gefallen. Dabei scheut er auch nicht zurück, persönlich zu werden oder – argumentativ - unter der Gürtellinie zuzuschlagen.

Beispiele für typische Aussagen des Musters ‚Beschuldiger:

"Du bist immer schuld an allem, was schiefläuft!"

"Wenn du nicht so inkompetent wärst, hätten wir dieses Problem nicht!"

"Es ist deine Schuld, dass unsere Beziehung nicht funktioniert!"

"Du machst immer alles falsch!"

„Das hätten Sie wissen müssen!"

<u>Tipps für den Umgang mit *Anklägern*</u>

- Bleib ruhig und lass dich nicht von den Beschuldigungen beeinflussen.
- Stelle Fragen, um die Situation zu klären und die Verantwortung zu teilen.

- Grenze dich ab und mach deutlich, dass du nicht bereit bist, beschuldigt zu werden.
- Kommuniziere deine eigenen Gefühle und Bedürfnisse klar und respektvoll.

Der Rationalisierer / Der Computer

„Nur die Fakten bitte.

Emotionalität ist hier fehl am Platz."

Die Körperhaltung des Rationalisierers ist meist starr und unbewegt, wirkt dabei aber auch irgendwie angespannt. Er wirkt oft fast bewegungslos, Körperhaltung und Hände sind ruhig, der Kopf wird gerade und unbewegt gehalten. Oder er ist – irritierenderweise – starr zu einer Seite gelehnt. Seine Stimme ist emotionslos und wenig moduliert.

Menschen, die in die Kategorie des Computers fallen, versuchen, ihre Emotionen zu unterdrücken und rational zu sein. Sie nehmen eine distanzierte Haltung ein und neigen dazu, ihre Gefühle nicht auszudrücken oder wahrzunehmen. Sie analysieren und denken viel, aber sie haben Schwierigkeiten damit, ihre eigenen Emotionen oder die Emotionen anderer zu erkennen. Computer versuchen oft, schwierige oder unangenehme Situationen durch Logik und rationale Argumentation zu bewältigen.

Er formuliert gerne ‚man'-Aussagen. Häufig ist er zwar bemüht, Gedanken und Gefühle zu verstehen. Er analysiert dann aber doch lieber Fakten, als sich mit Emotionen zu befassen. Da merkt man dann auch an seinem Kommunikationsverhalten, das wenig Rücksicht auf das Befinden seines Gegenübers nimmt. Seine Argumente sind sachlich, vernünftig und wohl begründet. Damit will er sich vor unangenehmen Gefühlen schützen. Nach dem Motto *„was nicht da ist, kann nicht verletzt werden"*.

Beispiele für typische Aussagen des Musters ‚Computer‘:

"Ich verstehe nicht, warum du so emotional reagierst. Das ergibt keinen Sinn."

"Gefühle sind irrational, wir sollten uns auf Fakten und Logik konzentrieren."

"Warum sollten wir uns über persönliche Dinge unterhalten? Das bringt uns nicht weiter."

"Lass uns das Problem analytisch angehen, anstatt über Emotionen zu sprechen."

<u>Tipps für den Umgang mit *Computern*</u>

- Gib Raum für Emotionen und betone die Bedeutung von Emotionen in der Kommunikation.
- Ermutige den anderen, über ihre Gefühle zu sprechen und zeige Interesse daran.
- Finde Wege, um Emotionen und Logik zu integrieren, um eine ganzheitliche Kommunikation zu ermöglichen.
- Zeige Empathie und versuche, die emotionalen Bedürfnisse des anderen zu verstehen.

Der Ablenker

Der Ablenker fühlt sich oft nicht zugehörig oder sogar ungeliebt. Seine Bewegungen sind wenig geschmeidig, wirken fast ungelenk und ein wenig hektisch. Er bevorzugt belanglose und wenig aussagekräftige Formulierungen, in denen er Beziehungsaussagen vermeidet.

Ablenker verwenden gerne Humor und das Wechseln von Themen, um unangenehme oder schwierige Gesprächsabschnitte zu vermeiden. Sie haben Schwierigkeiten damit, sich mit ihren eigenen Gefühlen auseinanderzusetzen oder über ernsthafte Themen zu sprechen. Anstatt sich mit Konflikten oder Problemen auseinanderzusetzen, versuchen sie, die Stimmung aufzulockern oder die Aufmerksamkeit auf etwas anderes zu lenken. Sie können von einem Thema zum anderen springen und sich so vor emotionalen Verbindungen schützen.

Der Ablenker scheint ständig in Bewegung zu sein, oft sogar mir verschiedenen Körperteilen in unterschiedliche Richtungen. Sein Blick ist unruhig und schweift häufig ab. Dabei spricht er oft pausenlos, ohne dabei etwas konkret zu sagen. Am liebsten wiederholt er Aussagen seiner Gesprächspartner, ohne hierbei einen sinnvollen Bezug zu den Aussagen und Fragen seines Gegenübers erkennen zu lassen. Die Stimme ist übertrieben moduliert, oft wie ein Singsang.

Beispiele für typische Aussagen des Musters ‚Ablenker‘:

"Hey, schau dir dieses lustige Video an, lass uns nicht über unsere Probleme reden."

"Erinnerst du dich an diese lustige Geschichte? Lass uns darüber sprechen, anstatt über unsere Schwierigkeiten."

"Wow, schau dir das an! Ich habe gerade dieses großartige neue Spiel entdeckt. Vergessen wir unsere Sorgen für eine Weile."

"Lass uns über etwas anderes reden, ich will nicht über diese traurigen Dinge nachdenken."

<u>Tipps für den Umgang mit *Ablenkern'*</u>

- Lenke das Gespräch behutsam zurück auf das ursprüngliche Thema.
- Zeige Verständnis für die Ablenkung, aber bestehe darauf, dass das eigentliche Problem angesprochen wird.
- Drücke deine Bedürfnisse aus und bitte um Fokus auf das Wesentliche.
- Biete alternative Wege an, um mit Unbehagen umzugehen, die nicht auf Ablenkung basieren.

Sonderfälle

Ich habe noch einen fünften Typen entdeckt, einen besonders nervigen Vollpfosten, der aufgrund seines auch unter Stress stabilen Selbstwertgefühls und Selbstmanagements in keine der vier Satir Kategorien eingeordnet werden kann.

Der Verhandler

Der Verhandler versucht sich durch geschickte Argumentation aus der Affäre zu ziehen. Pausenzeiten, Beginn- und Feierabendzeiten werden hierzu ebenso genutzt, wie Arbeitsaufträge für Gruppenarbeiten. Er versucht, seine Welt weder durch Kampf oder Flucht, sondern durch Veränderung der Rahmenbedingungen zu bewältigen.

Ich denke darüber nach, noch einen sechsten Typus zu erfinden. Denn in den letzten Jahren ist ein neuer Verhaltenstypus auf dem Vormarsch, der sich mit erschreckender Ausbreitungsgeschwindigkeit entwickelt.

Der Hinterher-Denker

Wenn etwas schief geht, insbesondere etwas, das mit ein wenig Nachdenken VOR dem Handeln vermeidbar gewesen wäre, dann reagiert er stereotyp mit *„Ach, ich habe mir gedacht...".* Oder, auf ein Versäumnis angesprochen, antwortet er mit *„Das habe ich auch schon gedacht".* Die Tatsache, dass eben gerade nicht ‚denkgerecht' gehandelt oder wenigstens nach dem Denken und vor dem Handeln ‚*gesprochen wird*' ist vielfach Anlass für Situationen, die für normale ‚Vorher-Denker' kaum nachvollziehbar sind. *„Ich wollte gerade..., als Du es erwähntest"* ist von ihm auch oft zu hören.

Lösungsideen

Wenn die Erfüllung der körperlichen Grundbedürfnisse (das WAS) oder die psychologischen Bedürfnisse (das WIE) gefährdet sind, löst dies beim

Betroffenen zumindest Stress aus, bei manchem sogar Angst. Wenn wir Stress oder Angst haben, schalten sich viele höhere Hirnregionen ab, stattdessen wird der Überlebensmodus aktiviert und die vorgenannten seltsamen Verhaltensmuster werden aktiviert. Drei Optionen stehen uns in diesem Überlebensmodus zur Verfügung:

Kampf:

Wer oder was auch immer die Bedürfnisbefriedigung verhindert, wird angegriffen

Flucht:

Die Situation wird verlassen, oft sogar im wortwörtlichen Sinn: Fluchtartig.

Verstecken:

Wir erstarren vor dem Aggressor oder dem Hindernis.

Zirkulieren die Kampf- und Fluchthormone im Blut oder ist der Betroffene zur Salzsäule erstarrt, ist Kommunikation häufig schwierig bis unmöglich. Wir können jedoch anhand der allgemeinen

Körpersprache erkennen, was bei unserem Gegenüber los ist, solange das Kommunikationsmodul nicht funktioniert oder Unverständliches sendet.

Außerdem haben die modernen bildgebenden Untersuchungsmethoden gezeigt, dass die Hirnbereiche, die für die Körpersprache zuständig sind, vor dem Sprachzentrum aktiv werden. Erst wird also losgefuchtelt und dann drauf gequatscht:

Gedanke -> Körpersprache -> Sprache

= Gesamtbotschaft

Verstecken und Flucht stehen uns im Alltag meist nicht zur Verfügung, wir können ja weder unserem Drang, schreiend vom Arbeitsplatz wegzulaufen, noch unseren erregten Nachwuchs im Supermarkt zurücklassen. Und auch KAMPF ist in unserer zivilisierten Gesellschaft nur verbal möglich. Anderenfalls würden wohl viele einen Raketenwerfer vorne am Auto oder ein paar Nebelkerzen am Einkaufswagen installieren.

Grundsätzlich können die gleichen Handlungs- und Lösungsansätze verfolgt werden, die im Abschnitt Lebensstil-Prioritäten erwähnt sind.

Erinnern wir uns: Es handelt sich um erlernte ‚*Lösungsstrategien*‘. Unser gegenüber verhält sich so, weil er ein reales Problem oder einen inneren Konflikt hat. Ein Bedürfnis ist nicht erfüllt, das löst Stress aus und triggert damit das Verhaltensmuster.

Das Bedürfnis identifizieren.

Nach ein paar desskalierenden Worten können wir versuchen, das unerfüllte Bedürfnis zu identifizieren und, wenn möglich, bei der Erfüllung unterstützen oder dieser zumindest nicht im Weg stehen. Dabei bitte beachten, es geht nicht um LEGO und Ü-Ei oder Bier und Currywurst, sondern darum, gemocht zu werden, die Kontrolle zu haben, überlegen zu sein oder seine Bequemlichkeit nicht zu gefährden.

Ein Vollpfosten kriegt Schiss

Aber nicht nur, wenn Vollpfosten Stress hat, auch wenn er es mit der Angst zu tun bekommt, gibt es ein einfaches Modell, um zu erkennen, was mit Vollpfosten los ist: *Die Grundformen der Angst nach Fritz Riemann bzw. das Riemann-Thomann-Modell.*

Fritz Riemann war ein deutscher Psychologe und Psychoanalytiker, der bedeutende Beiträge zur Erforschung von Angst und Behandlung von Angststörungen in der Psychoanalyse geleistet hat. Riemanns Arbeit auf diesem Gebiet basierte auf der Vorstellung, dass Angst ein grundlegender Aspekt der menschlichen Existenz ist und dass es wichtig ist, ihre Rolle bei der Gestaltung unserer psychologischen Entwicklung zu verstehen.

Riemann glaubte auch, dass Angst eine primäre Emotion ist, die in allen Menschen vorhanden ist und dass sie einen tiefgreifenden Einfluss darauf hat, wie wir uns selbst und die Welt um uns herum wahrnehmen. Er argumentierte, dass Angst nicht unbedingt eine negative Emotion ist, sondern ein notwendiger Teil unseres Überlebensmechanismus, der uns hilft, potenzielle Bedrohungen zu erkennen und darauf zu reagieren.

Riemanns Angstforschung führte ihn zur Entwicklung einer Persönlichkeitstypologie, die er die ‚vier Temperamente‘ nannte. Diese Typologie basierte auf der Idee, dass Menschen individuell unterschiedliche Bewältigungsmechanismen für den Umgang mit Stress und Angst haben, die mit ihrem Temperament verbunden sind. Diese Forschungsergebnisse hatten einen bedeutenden Einfluss auf die Psychoanalyse, und zwar bis heute. Seine Betonung der Bedeutung des Verständnisses der Rolle der Angst in der psychologischen Entwicklung hat dazu beigetragen, die Art und Weise zu formen, wie Psychologen und Psychoanalytiker an die Behandlung von Angst und anderen verwandten Störungen herangehen. Riemann beschreibt folgende vier Verhaltensmuster.

Das schizoide Muster

Dieses Temperament zeichnet sich durch ein Naturell aus, das introvertiert ist, zurückgezogen lebt und dazu neigt, für sich zu bleiben. Menschen mit einem schizoiden Temperament haben eine tiefe Angst vor Nähe und Bindung. Sie neigen dazu, sich von anderen Menschen zurückzuziehen und sich emotional abzuschotten. Sie bevorzugen

Einsamkeit und Unabhängigkeit und haben Schwierigkeiten, ihre Gefühle auszudrücken.

Sie sind oft mit ihren inneren Gedanken und Gefühlen beschäftigt und können Schwierigkeiten haben, enge Beziehungen zu anderen aufzubauen. Aussagen, die zu diesem Muster passen, sind:

"Ich brauche viel Zeit für mich allein."

"Ich fühle mich unwohl in großen Menschenmengen."

"Emotionen sind für mich schwer zu verstehen und auszudrücken."

"Ich bevorzuge es, unabhängig zu sein und mich nicht auf andere verlassen zu müssen."

Das depressive Muster

Bei diesem Temperament haben wir es mit einer Person zu tun, die sich darauf konzentriert, Zuwendung, Komfort und Sicherheit zu suchen. Sie hat möglicherweise ein starkes Bedürfnis nach Fürsorge und Unterstützung durch andere und möglicherweise Probleme mit der Unabhängigkeit. Menschen mit einem depressiven Temperament haben Angst vor Verlust und Trennung. Sie neigen dazu, sich Sorgen zu machen, traurig zu sein und sich schuldig zu fühlen. Sie haben oft ein geringes Selbstwertgefühl und können sich schwer von negativen Erfahrungen lösen. Typische Aussagen wären:

"Ich mache mir ständig Sorgen um die Zukunft."

"Ich fühle mich oft traurig und niedergeschlagen."

"Ich habe Schwierigkeiten, mich selbst zu akzeptieren und mein Selbstwertgefühl ist niedrig."

"Ich fürchte mich davor, von anderen abgelehnt oder verlassen zu werden."

Das zwanghafte Muster

Dieses Temperament ist bei einer Person anzutreffen, deren Verhalten sich darauf konzentriert, Macht und Kontrolle über andere zu erlangen. Sie kann aggressiv, manipulativ und unempathisch für andere sein. Manchmal liegt aber auch eine hohe Empathie vor, die dann aber genutzt wird, das Umfeld und die Menschen darin zu kontrollieren. Menschen mit einem zwanghaften Temperament haben Angst vor Unsicherheit und Kontrollverlust. Sie neigen dazu, perfektionistisch zu sein, Regeln und Ordnung zu bevorzugen und sich

stark an Routine zu halten. Sie haben Schwierigkeiten, spontan zu sein und können sich von Ängs-
ten und Zwängen beherrschen lassen. Von Ihnen
hört man häufig etwas im Sinne von:

"Ich lege großen Wert auf Ordnung und Sauberkeit."

*"Ich habe immer das Bedürfnis, alles perfekt zu ma-
chen."*

"Unsicherheit und Veränderungen machen mir Angst."

*"Ich habe feste Routinen und halte mich strikt an Re-
geln."*

Das hysterische Muster

Bei diesem Temperament haben wir es mit einer
Person zu tun, die sich auf Selbstsabotage, Selbst-
bestrafung und Selbstbeschränkung konzentriert.
Sie kann mit geringem Selbstwertgefühl zu kämpfen haben. Menschen mit einem histrionischen
(das ist der medizinische Begriff für hysterisch)
Temperament haben eine Angst vor Langeweile
und Bedeutungslosigkeit. Sie neigen dazu, im Mittelpunkt zu stehen, Aufmerksamkeit zu suchen
und dramatisch zu sein. Sie können impulsiv und
emotional sein und haben Schwierigkeiten, ihre eigenen Bedürfnisse zu erkennen und zu erfüllen.

Sie fallen nicht nur durch häufige und laute Wiederholungen, sondern auch durch folgende Aussagen auf:

"Ich liebe es, im Mittelpunkt der Aufmerksamkeit zu stehen."

"Ich neige dazu, meine Gefühle dramatisch auszudrücken."

"Ich fühle mich unwohl, wenn es ruhig und langweilig ist."

"Ich suche ständig nach Bestätigung und Anerkennung von anderen."

Nun kann man ja, weder im privaten Kontext *„sei mal nicht so depressiv!"* oder im Job *„geht es auch etwas weniger histrionisch?"* sagen. Ich weiß, wovon ich rede. Ich habe eine Zeit lang kein Blatt vor den Mund genommen und bin seitdem sehr viel früher fertig mit Weihnachtskarten schreiben. ☺

Um die, sehr nützliche, Grundidee Riemanns auch in der Erziehung und Mitarbeiterführung nutzbar zu machen, hat sich Christoph Thomann, ein Schweizer Psychoanalytiker, des Modells angenommen und die Riemann-Thomann-Kategorien entwickelt.

Da das Grundmodell von Fritz Riemann für manche sehr pathologisch und im Führungsalltag zu ‚psycho-lastig', entwickelte der Schweizer Psychologie Christoph Thomann Mitte des 20. Jahrhunderts hieraus das nach ihm benannte Riemann-Thomann-Modell, auch *Riemann-Thomann-Typologie* genannt. Er ließ in das ursprüngliche Modell Ideen von Carl Gustav Jung und seiner analytischen Psychologie einfließen. Aber auch er beschreibt vier grundlegende Persönlichkeitstypen mit jeweils eigenen Merkmalen, Neigungen und Stärken:

Das Modell basiert auf der Idee, dass Menschen bestimmte Grundorientierungen haben, die ihr Verhalten und ihre Handlungen beeinflussen.

(Diese Sichtweise passt also wunderbar zu den Prinzipien Adlers aus dem ersten Abschnitt dieses Buch). Diese Grundorientierungen machen sich dann in der Kommunikation, Beziehungsgestaltung und persönliche Entwicklung bemerkbar.

Distanzorientierung

‚der Einsiedler'

Menschen mit Distanzorientierung neigen dazu, introvertiert und zurückgezogen zu sein und ziehen Einsamkeit und Unabhängigkeit der sozialen Interaktion vor. Sie sind oft kreativ und introspektiv, können aber mit emotionalem Ausdruck und zwischenmenschlichen Beziehungen zu kämpfen haben.

In einer Beziehung mit einer Person, die eine starke Distanzorientierung hat, kann persönlicher Raum und Unabhängigkeit einen hohen Stellenwert haben. Sie schätzen ihre Zeit allein und möchten möglicherweise in der Beziehung genügend Freiraum haben, um ihre eigenen Interessen zu verfolgen.

Im Berufsleben kann jemand mit einer starken Distanzorientierung möglicherweise unabhängige

Aufgaben und die Möglichkeit haben, allein zu arbeiten. Sie schätzen ihre Unabhängigkeit und bevorzugen möglicherweise einen Arbeitsstil, der ihnen Raum für ihre eigenen Gedanken gibt.

Bei der Kindererziehung kann eine Person mit einer starken Distanzorientierung ihren Kindern Raum geben, um sich individuell zu entwickeln. Sie ermutigen ihre Kinder, ihre eigenen Interessen zu verfolgen und unterstützen ihre Unabhängigkeit.

Nähe-Orientierung

‚der Schmusesucher‘

Personen mit dieser Orientierung neigen dazu, abhängig und fürsorglich zu sein und suchen Trost und Sicherheit bei anderen. Sie können warmherzig und liebevoll sein, aber auch bedürftig und anhänglich, und mit Trennungsangst kämpfen.

Eine Person mit einer starken Nähe Orientierung in einer Beziehung sucht häufig nach emotionaler Verbundenheit und möchte viel Zeit mit ihrem Partner verbringen. Sie legt großen Wert auf das Teilen von Gefühlen und das Erzeugen einer tiefen emotionalen Verbindung.

In einem Team mit einer starken Nähe Orientierung bevorzugt jemand möglicherweise eine enge Zusammenarbeit und eine harmonische Arbeitsatmosphäre. Sie legen großen Wert auf ein unterstützendes und mitfühlendes Arbeitsumfeld.

Bei der Kindererziehung kann eine Person mit einer starken Nähe Orientierung viel Wert auf emotionale Nähe und Unterstützung legen. Sie nimmt sich Zeit für Gespräche, um die Bedürfnisse ihrer Kinder zu verstehen, und betont die Wichtigkeit von Liebe und Zuneigung.

Dominanzorientierung

‚the big boss‘

Menschen mit Dominanzorientierung neigen dazu, exzentrisch und eigenwillig zu sein, mit unkonventionellen Denk- und Verhaltensweisen. Sie können hochintelligent und kreativ sein, können aber auch mit Realitätstests und sozialen Normen zu kämpfen haben. Nicht selten werden sehr eher gefürchtet als geachtet oder gemocht.

In einer Beziehung mit einer Person, die eine starke Dominanzorientierung hat, kann die Autonomie und das Bedürfnis nach Kontrolle im Vordergrund stehen. Sie möchte möglicherweise eine gleichberechtigte Partnerschaft, in der sie ihre eigenen Entscheidungen treffen und ihre eigenen Interessen verfolgen kann, oder für alle bestimmen, wie diese zu denken und zu handeln haben.

Im Berufsleben bevorzugt jemand mit einer starken Dominanzorientierung möglicherweise eine Position mit Verantwortung und Entscheidungsbefugnis. Sie sind möglicherweise motiviert, ihre eigenen Ideen umzusetzen und ihre Unabhängigkeit zu wahren. Das ist nicht selten an besonders auffälligen Titeln auf der Visitenkarte zu erkennen. Diese werden wie ein Banner vor sich hergetragen, um zu signalisieren: *„Hier kommt der Ober-Babo!"*

Bei der Kindererziehung kann eine Person mit einer starken Dominanzorientierung dazu neigen, klare Regeln und Strukturen festzulegen. Sie legt Wert auf Disziplin und fördert die Unabhängigkeit ihrer Kinder, indem sie sie ermutigt, ihre eigenen Entscheidungen zu treffen.

Leistungsorientierung

,schaffe, schaffe!'

Mit einer ausgeprägten Leistungsorientierung neigen diese Menschen zu Gewissenhaftigkeit und Selbstdisziplin, sind aber häufig auch mit einem geringen Selbstwertgefühl und mangelnder Selbstfürsorge ausgestattet. Sie haben ein Problem damit, ihre eigene Leistung und ihren Wert anzuerkennen. Darum übernehmen sie sich oft.

In einer Beziehung mit einer Person, die eine starke Leistungsorientierung hat, kann der Fokus auf persönlichem Erfolg und Anerkennung liegen. Sie können bestrebt sein, gemeinsame Ziele zu erreichen und sich gegenseitig in ihren individuellen Zielen zu unterstützen.

Im Berufsleben kann jemand mit einer starken Leistungsorientierung ein hohes Maß an Engagement und Motivation zeigen. Sie streben nach beruflichem Erfolg und sind bereit, hart zu arbeiten, um ihre Ziele zu erreichen.

Bei der Kindererziehung kann eine Person mit einer starken Leistungsorientierung darauf abzielen, ihre Kinder zu fördern und ihnen zu helfen, ihr volles Potenzial auszuschöpfen. Sie legt Wert auf Leistung und ermutigt ihre Kinder, ihre Ziele zu verfolgen und nach Exzellenz zu streben.

Nun, da Du diese Verhaltensmuster kennst, wirst Du sie mit ein wenig Übung auch immer leichter und immer öfter erkennen. Als nächstes können wir uns daher ansehen, wie man in verschiedenen Alltagssituationen am besten reagiert, wenn unser Gegenüber eines dieser Verhaltensmuster zeigt.

Lösungsideen und Verhaltenstipps

<u>In der Mitarbeiterführung:</u>

Erkenne die Stärken und Schwächen jedes Persönlichkeitstyps:

Durch das Verständnis der grundlegenden Eigenschaften und Neigungen jedes Persönlichkeitstyps kannst Du die Stärken und Schwächen einzelner Mitarbeiter erkennen und Strategien entwickeln, die ihre natürlichen Neigungen berücksichtigen. (Mehr dazu findest Du, wenn Du ein Buch zum Thema *‚Teamrollen nach Belbin‘* suchst oder demnächst bei mir zum Thema ‚situativer Führungsstil‘).

Passe Deinen Führungsansatz an jeden Mitarbeiter an:

Unterschiedliche Persönlichkeitstypen können unterschiedlich auf Führungsstile und -ansätze reagieren. Beispielsweise kann ein distanzorientierter Mitarbeiter mehr Unabhängigkeit und Autonomie bevorzugen, während ein leistungsorientierter

Mitarbeiter mit mehr Anleitung und Unterstützung gedeihen kann. (Mehr hierzu findest Du in Büchern rund um das Thema ‚situativer Führungsstil‘).

Schaffe einen vielfältigen und integrativen Arbeitsplatz:

Indem Du die verschiedenen Persönlichkeitstypen an ihrem Arbeitsplatz erkennst und wertschätzt, kannst Du ein vielfältigeres und integrativeres Umfeld schaffen, in dem alle Mitarbeiter ihre einzigartigen Stärken einbringen können. Distanzorientierte Mitarbeiter benötigen Rückzugsräume, Mitarbeiter mit Nähe Orientierung benötigen Räume für den Kontakt und Gedankenaustausch. Leistungsorientierte Mitarbeiter muss man ab und zu und zum eigenen Wohl zur Pause zwingen, dominanzorientierten Mitarbeitern muss man die Chance oder zumindest das Gefühl geben, den Ton anzugeben. Warum nicht den Dominanz-Mitarbeiter zum ‚Pausen-Wächter‘ machen, dem Distanztyp Ruheräume zur Verfügung stellen und den Nähe suchenden Mitarbeiter damit beauftragen, dafür zu sorgen, dass die leistungsorientierten Mitarbeiter wirklich PAUSE machen und nicht einhändig weiter tippen, während sie ihr Brötchen knabbern?

**Biete Möglichkeiten zur beruflichen Entwick-
lung:**

Indem Du die natürlichen Neigungen und Stärken jedes Persönlichkeitstyps verstehst, kannst Du
Möglichkeiten zur beruflichen Entwicklung bieten,
die den Interessen und Fähigkeiten entsprechen.
Nur bitte schicke nicht *„Das Eichhörnchen zum
Schwimmkurs und den Delfin in den Klettergarten!"*.
Damit eine ich: Lasse zu, dass die Mitarbeiter sich
ihrem Typ bzw. Muster entsprechend weiterbil-
den.

<u>In der Kindererziehung</u>

**Erkenne die natürlichen Neigungen jedes Per-
sönlichkeitstyps:**

Indem Du die grundlegenden Eigenschaften
und Neigungen jedes Persönlichkeitstyps verstehst, kannst Du die natürlichen Neigungen Deines Kindes erkennen und das Wissen um die ‚Typen' nutzen, um sein Wachstum und seine Entwicklung zu unterstützen.

**Passe Deinen Erziehungsansatz an die Persön-
lichkeit Deines Kindes an:**

Verschiedene Persönlichkeitstypen können unterschiedlich auf Erziehungsstile und -ansätze reagieren. Beispielsweise kann ein schizoides Kind mehr Unabhängigkeit und Autonomie bevorzugen, während ein mündliches Kind besser mit mehr Anleitung und Unterstützung gedeihen kann.

Ermutige Dein Kind, seine Interessen zu erforschen:

Indem Du die natürlichen Neigungen und Stärken jedes Persönlichkeitstyps verstehst, kannst Du Dein Kind ermutigen, seine Interessen zu erforschen und seine Talente zu entwickeln.

Biete Gelegenheiten für Sozialisation und Wachstum:

Indem Du die verschiedenen Persönlichkeitstypen in der Peer-Gruppe Deines Kindes erkennst und wertschätzt, kannst Du Gelegenheiten für Sozialisation und Wachstum bieten, die es Deinem Kind ermöglichen, mit anderen zu interagieren, die alle unterschiedliche Persönlichkeiten und Stärken haben.

<u>Allgemein</u>

Verständnis für Unterschiede:

Das Modell hilft dabei, die Unterschiede zwischen Menschen zu verstehen und wie diese Unterschiede die Kommunikation und Interaktion beeinflussen können. Es ermöglicht ein tieferes Verständnis für die Vielfalt der Persönlichkeiten und Verhaltensweisen. Um ein Verständnis von Unterschieden gemäß dem Riemann-Thomann-Modell zu entwickeln, können Sie die folgenden praktischen Teilschritte befolgen:

Selbstreflexion:

Beginne damit, dich selbst zu reflektieren und deine eigenen Grundorientierungen zu erkennen. Überlege, welche Grundorientierung oder Kombination von Grundorientierungen bei dir am stärksten ausgeprägt sind. Identifiziere deine eigenen Bedürfnisse, Stärken und Herausforderungen im Umgang mit Unterschieden.

Informiere dich über die Muster:

Lies mehr über die verschiedenen Grundorientierungen im Riemann-Thomann-Modell, zum Beispiel im Blog auf www.frank-max.com/blog. Erfahre, welche Merkmale und Verhaltensweisen typisch für jede Grundorientierung sind. Dieses Wissen ermöglicht es dir, die Unterschiede bei anderen Menschen besser zu verstehen.

Aktives Zuhören und Empathie:

Praktiziere aktives Zuhören und Empathie, um die Unterschiede anderer Menschen besser zu verstehen. Stelle sicher, dass du wirklich zuhörst und versuchst, die Perspektive und Bedürfnisse anderer Personen zu verstehen. Sei offen für unterschiedliche Standpunkte und versuche, dich in die Lage anderer Menschen zu versetzen.

Offene Kommunikation:

Schaffe einen Raum für offene und respektvolle Kommunikation, um Unterschiede zu besprechen. Ermutige Menschen, ihre Bedürfnisse, Sichtweisen und Unterschiede auszudrücken. Stelle gezielte Fragen, um mehr über die Grundorientierungen und Perspektiven anderer zu erfahren.

Flexibilität und Anpassungsfähigkeit:

Sei bereit, deine eigenen Verhaltensweisen und Denkmuster anzupassen, um Unterschiede besser zu akzeptieren und zu respektieren. Erkenne an, dass unterschiedliche Grundorientierungen verschiedene Bedürfnisse und Herangehensweisen mit sich bringen können. Sei bereit, Kompromisse einzugehen und alternative Lösungen zu finden, die den Bedürfnissen aller gerecht werden.

Akzeptanz der Vielfalt:

Entwickle eine positive Einstellung gegenüber Vielfalt und Unterschieden. Erkenne an, dass unterschiedliche Grundorientierungen, Perspektiven und Fähigkeiten das Potenzial haben, einander zu ergänzen und zu bereichern. Schätze die Vielfalt und die Beiträge, die unterschiedliche Menschen in einer Gruppe oder Organisation leisten können.

Weiterbildung und Training:

Nimm an Weiterbildungen und Trainings teil, die sich mit interkultureller Kommunikation, Konfliktlösung und dem Umgang mit Unterschieden befassen. Diese Schulungen können dir helfen, deine Fähigkeiten im Umgang mit Unterschieden weiterzuentwickeln und deine interkulturelle Kompetenz zu stärken.

Indem du diese Schritte befolgst, kannst du ein Verständnis von Unterschieden gemäß dem Riemann-Thomann-Modell entwickeln und deine Fähigkeit verbessern, mit unterschiedlichen Menschen effektiv zu kommunizieren und zu interagieren.

Es gibt ein Verhaltensmuster, das bei allen drei Modellen auftreten kann und das leider immer häufiger anzutreffen ist. Und da es nicht nur das Leben der Betroffenen, sondern auch das ihrer Mitmenschen erschwert, habe ich ihm ein eigenes Kapitel spendiert: **Minderwertigkeitsgefühle** (Komplexe).

Minderwertigkeitsgefühle

Erleben wir unsere Kompetenz, ein Problem zu Lössen oder schneiden wir im Vergleich mit jemanden – z.B. einem ‚gesellschaftlichen Ideal‘ schlecht ab, fühlen wir uns unterlegen, um nicht zu sagen minderwertig.

Das hat zwei Gründe:

1. Dass unser Handeln nicht den gewünschten Erfolg bringt.

2. Dass wir den vorübergehenden Misserfolg nicht als genau das sehen, vorübergehend, sondern aus einem Ereignis eine Hochrechnung für unsere Zukunft machen und unterstellen, dass die

nächsten Bemühungen ebenso kläglich scheitern, wie unser erster Versuch.

Wenn wir zuerst aus unserem kleinen ‚pittyhole‘ (Selbstmitleidsloch) herauskrabbeln und uns dann erst umsehen, sehen wir die vielen Richtungen, in denen wir weitergehen könnten und all die Möglichkeiten, die sich vor uns ausbreiten. Stattdessen bleiben wir oft in unserem Schlagloch hocken, schauen vor die Wand und klagen, dass sich die Aussicht nicht verbessert.

Woran liegt das? Zum einen liegt es daran, dass wir sehr zielgerichtet handeln, und zum anderen liegt es daran, dass wir dabei oft dennoch unsere Erfolgsaussichten unterbewerten.

Menschen handeln zielgerichtet

Um das Verhalten eines Menschen zu verstehen, müssen wir verstehen, dass vor dem Handeln eine Motivation entstanden ist. Es wurde ein unerwünschter Zustand festgestellt, der beseitigt werden muss oder es wurde ein lohnendes Ziel identifiziert, das durch Handeln erreichbar ist. Der Wunsch ist so stark, dass er uns in Bewegung setzt (motivare (Latein): (Etwas) in Bewegung setzen).

Manche Menschen handeln ‚kausal', das heißt, sie nennen einen Grund für ihr Handeln. Ein Beispiel: „Ich habe die Mücke erschlagen, weil sie an meinem Ohr summte". Die Motivation ist in etwas zu suchen, das **vor** dem Mückenmord existierte, hier das störende Summen.

Manche Menschen handeln ‚final‘, das heißt, sie nennen die Absicht ihres Tuns. Ein Beispiel: „*Ich habe die Mücke erschlagen, weil ich meine Ruhe haben wollte/weil ich einen Stich vermeiden wollte*“. Hier liegt die Triebfeder des Handelns in etwas, das **nach** dem Handeln angesiedelt ist.

Menschen, die über ein eher kausales Motivationssystem verfügen, reagieren meist auf ein Geschehen: Der brennende Adventskranz wird mit dem Inhalt der Kaffeekanne gelöscht.

Menschen mit einem finalen Motivationssystem agieren eher präventiv: Die heruntergebrannte Kerze wird gelöscht und ausgetauscht, bevor das Wachs ausläuft und der umkippende Docht das trockene Tannenreisig in Brand setzt.

Wenn wir über eine eher finale Motivation verfügen und jemanden beobachten, der eher kausal gestrickt ist, können wir manchmal nicht fassen, welche Katastrophenszenarien sich um den ‚Kausalisten‘ auftürmen, die dann sukzessive gelöst werden. „*Das war doch vorherzusehen*“ denkt oder sagt da der „Finalist“ und hätte aufgrund seiner vorausschauenden Wahrnehmung und Motivation viele der Probleme, die der Kausalist lösen muss, im Vorfeld verhindert. Ich denke, das ist etwas, das viele Eltern im Umgang mit ihren Kindern und erfahrende Kollegen bei ihren Nachwuchskollegen täglich erleben.

Kleine Kinder veranschaulichen uns das sehr schön mit dem ‚WARUM?-Spiel'. Kausale Antworten, die wir als Erwachsener als Antwort auf eine Warum-Frage zu geben gewohnt sind, helfen hier nicht, sondern treiben uns in den Wahnsinn, da jede Antwort sofort zu einer neuen Warum-Frage wird. Eine Wozu-Antwort bietet dagegen die Möglichkeit, aus der Warum-Schleife auszubrechen.

Manche Konflikte entstehen ganz einfach dadurch, dass ein Kausalist und ein Finalist über dieselbe Sache reden aber keinen gemeinsamen Nenner finden.

Wenn Du das nächste Mal in einem Gespräch das Gefühl hast, dass ihr komplett aneinander vorbeiredet, dann halte einen Moment inne und frage Dich kurz, ob Du in diesem Moment kausal (Warum?) oder final (Wozu?) denkst und wie das gerade bei Deinem Gegenüber ist.

Manchmal ist ein Missverständnis schnell ausgeräumt und ein Konflikt abgewendet, wenn man einer Wozu-Frage auch eine Wozu-Antwort gibt und manchmal ist es besser, eine Warum-Frage mit einer Wozu-Frage zu beantworten. Du kannst natürlich auch beide Antworten auf die gleiche Frage geben. Meist ist die Reaktion des Gegenübers dann ein *„Warum hast Du das denn nicht gleich gesagt?"* oder etwas ähnliches.

Beispiel:

„Warum ist das noch nicht erledigt?"

kausal: *„Ich bin noch nicht dazu gekommen",*

final: *„Ich habe zuerst das andere gemacht, dann geht das gleich viel schneller"*

kombiniert: *„Ich bin noch nicht dazu gekommen, weil ich zuerst das andere gemacht habe, denn in der Reihenfolge geht beides schneller als andersherum".*

Bemühen wir noch einmal die kleinen Kinder um ein weiteres Beispiel. Bei einem Oscar-würdigen Trotzanfall an der Supermarktkasse ist das Warum schnell identifiziert. Darum-Antworten sind gleichwohl nicht geeignet, die Inszenierung zu beenden. Wozu-Denken oder eine Wozu-Antwort dagegen schon. *„Wir kaufen jetzt hier keine überteuerten Bonbons, dann ist noch Geld übrig für ein*

Eis auf dem Rückweg" wird wesentlich bessere Ergebnisse erzielen als ein *„Nein, Du weißt genau, dass Du nichts bekommst, wenn Du Dich so anstellst"*.

Dem kleinen Zucker-Gauner bleibt dann ja gar keine andere Wahl, als ‚Mehr vom Gleichen' zu versuchen und Lautstärke und Tonhöhe zu steigern. Unlängst sah ich sogar einen kleinen Wüterich, der seine Mutter mit den übelsten Schimpfworten belegte und dabei auf ihre Beine einschlug und sie trat.

Was war wohl der Zweck des Zwergen-Aufstands? Das verborgene Ziel, die eigentliche Absicht hinter der Inszenierung mit ihrer ganzen Aufregung?

Der kleine Supermarkt-Pirat hatte eine finale Motivation: *„Den Erhalt der Süßigkeiten"* während die Reaktion der Mutter kausal war *„Nein, weil..."*. Alle Argumente und Appelle sind jedoch zum Scheitern verurteilt, weil sie ja nur Hindernisse auf dem Weg zur Zielerreichung sind.

Ähnliches erleben wir, wenn sich jemand im Straßenverkehr danebenbenimmt und wir *„dagegenhalten"*, weil wir uns *„unser gutes Recht nicht nehmen lassen wollen"*. Nicht selten endet so eine Situation in Blechschaden und neuerdings fliegen auch immer öfter die Fäuste, wenn nicht schlimmeres.

Menschen, die ein bestimmtes Ziel verfolgen, ihre Finalität umzusetzen versuchen, sind ja davon überzeugt, das Richtige zu tun und sind sozusagen gezwungen, die Widerstände zu überwinden oder aus dem Weg zu räumen, die sie an der Verfolgung ihrer Finalität hindern.

Ganz deutlich wird das, wenn wir die Finalität mit den Lebensstilprioritäten verknüpfen.

Der Typ Bequemlichkeit wird sich noch mehr einfallen oder sich noch mehr gefallen lassen, um seine Priorität Bequemlichkeit durchzusetzen. Alles Tun oder eben Nicht-Tun ist Mittel zum Zweck, seine Finalität Bequemlichkeit durchzusetzen.

Das ist natürlich nicht leicht zu verstehen, wenn man die eigenen Wertmaßstäbe heranzieht. Ein Chef vom Typ Gefallen wollen kann es nicht verstehen, warum ein Mitarbeiter vom Typ Bequemlichkeit sich lieber ausschimpfen lässt, als sich anzustrengen.

Typ Gefallen wollen wird sich noch mehr anstrengen, um gemocht zu werden. Wenn das nicht reicht, wird er sein Bemühen sogar so weit steigern, bis die Bemühungen ihm schaden oder schlimmstenfalls dazu führen, dass er nicht gemocht wird, weil er sich so sehr anbiedert.

Typ Kontrolle wird nötigenfalls die Kontrolle so weit verstärken, dass er damit ein Arbeits- oder sogar Gesellschaftsklima schafft, in dem sich niemand mehr wohl fühlt. Kontrolle verstärkt ja auch die Angst vor Fehlern, das löst Stress aus und erhöht die Wahrscheinlichkeit, dass Fehler auftreten. In dem verzweifelten Bemühen seine Sache gut zu machen, gräbt der Kontroll-Typ also sein eigenes Grab.

Typ Überlegenheit wird sich noch mehr anstrengen und ausbleibenden Applaus nicht damit in Verbindung bringen, dass sein Auftritt zu perfekt ist, sondern damit, dass er immer noch nicht gut genug ist und noch besser werden muss oder dafür sorgen muss, dass die anderen schlechter aussehen. Beispiele sieht man häufig: Ein nicht zu schlagender Konkurrent wird bei der Formel 1 in einen Unfall verwickelt, ein ,dancing Star' produziert sich derart, dass er eher verbissen als sympathisch wirkt.

Alle vier orientieren sich an ihrem wichtigsten Ziel, ihrer Finalität. Es ist nicht allein wichtig, das Ziel zu erreichen, sondern auf eine bestimmte Weise. Manchmal führt dies dazu, dass jemand auf dem richtigen Platz im Leben landet und dort glücklich und in seinem persönlichen Sinne wirksam ist. Manchmal wird das Ziel aber nicht erreicht und das wirkt sich dann negativ auf unser Selbstwertgefühl und auf unsere angenommen Zukunftschancen aus.

Wenn wir uns für unfähig halten, ein bestimmtes erwünschtes Ergebnis zu erreichen, nennen wir das im Alltagssprachgebrauch häufig Minderwertigkeitsgefühl. Der Versuch, dieses Minderwertigkeitsgefühl auszugleichen oder zu beseitigen wird Kompensation genannt.

Minderwertigkeit und Kompensation

Alfred Adler erforschte nicht nur die Lebensstilprioritäten und die mit diesen verbundene Finalität, sondern untersuchte auch das Prinzip von Minderwertigkeit und Kompensation, dem Ausgleich von Minderwertigkeit. Dieses Prinzip ist zunächst einmal ein ganz normales Verhalten des Körpers. Ist eine Niere schwächer, wird die andere stärker, um die Minderleistung der ersten auszugleichen. Auch bei den Augen kann es vorkommen, dass man auf einem Auge besser sehen kann, um auszugleichen, dass das andere eine schlechtere Sehstärke hat. Adler forschte weiter und konnte das Prinzip auch auf die Seele übertragen.

Minderwertigkeitsgefühle erleben wir dann, wenn wir uns als unfähig erleben, einen bestimmten Erfolg zu erzielen. Zunächst sind das kleine

Dinge, wie Laufen lernen, Schnürriemen binden, Fahrradfahren und Schwimmen lernen.

Später geht es dann vermehrt um den Erwerb von Schulwissen und Sozialverhalten.

Wenn wir in den unterschiedlichen Lernkontexten scheitern, weil wir eine Schleife nicht hinbekommen, weil wir Algebra nicht verstehen, weil wir durch die Führerscheinprüfung fallen, dann fühlen wir im Moment des Versagens ein Gefühl von Minderwertigkeit. Je nachdem, wie wir als Mensch geraten sind aufgrund unserer Biologie und unserer Sozialisation, haben wir dann drei Möglichkeiten:

- Überkompensation
- Kompensation
- Ausweichen

Fangen wir unten an:

Ausweichen

Wir unternehmen etwas, um das erneute Erleben eines Minderwertigkeitsgefühls zu verhindern.

Wenn das Minderwertigkeitsgefühl stark genug ist oder das Erleben des Versagens oft genug erlebt wird, kann es sein, dass wir entscheiden, solchen Situationen auszuweichen und somit verhindern, uns erneut minderwertig zu fühlen. Wir versuchen es nicht erneut. Wir leben fröhlich weiter, auch wenn wir das Skateboardfahren oder Kitesurfen nie erlernt haben. Und es geht uns gut damit. Es wird jedoch problematisch, wenn wir immer mehr vermeiden oder wenn wir zu früh übertrieben, vermeid-den und ausweichend reagieren. Wenn wir akzeptieren, dass wir ein Loser sind und uns in unserem Schmoll-Winkel verstecken.

Der schlechte Tennisspieler hängt den Schläger und damit das Hobby an den Nagel. Er will nie wieder etwas mit Tennis oder Tennisspielern zu tun haben.

Ein junger Mensch, der in sozialen Interaktionen öfter Ablehnung erfahren hat, zieht sich in seinen Leuchtturm oder sein Landhaus mit 20 Katzen zurück und möchte mit den meisten Menschen nichts mehr zu tun haben.

Vermeider gehen keine Risiken ein. Beim Bungee-Jumping oder Fallschirmspringen sind diese eher nicht anzutreffen. Obwohl es durchaus sein kann, dass sich jemand in sozialer Hinsicht zurückgezogen und vermeidend verhält und in anderen Lebensbereichen wie ein echter Draufgänger.

Wäre das Problem früher im Leben aufgetreten, wären sie früher frustriert gewesen oder entmutigt worden, wären diese Menschen nach den ersten paar Versuchen auf ihren Pampers sitzen geblieben und hätten nie das Gehen gelernt.

Kompensation

Wir unternehmen etwas, um einen Mangel auszugleichen. Zum Beispiel die Löcher im Gedächtnis mit einem Notizbuch oder einem Einkaufszettel stopfen. Auf jeden Fall etwas, das dem Anlass entspricht und keinesfalls über das Ziel hinausschießt.

Der schlechte Tennisspieler nimmt Trainerstunden und spielt abwechselnd gegen gleich starke und stärkere Spieler, bis er so gut ist, dass ihn niemand mehr, auch er selbst nicht, als schlechten Tennisspieler bezeichnen kann. Hässliche Knie werden mit ausreichend langen Hosen oder Röcken versteckt, krumme oder schlechte Zähne werden behandelt und gerichtet. Anschließend wird wieder die soziale Interaktion gewählt.

Wenn etwas Angst macht, wird versucht, die Angst in den Griff zu bekommen, notfalls mit

Hilfsmitteln (Ablenkung, „Entspannungshilfen"
usw.).

Allerdings gibt es auch eine ‚Fehl-Kompensa-
tion'. Das passiert, wenn wir uns für ein Verhalten
entscheiden, dass wir subjektiv für geeignet halten,
das Problem zu lösen und nicht auf objektive
Rückmeldungen reagieren, die uns zeigen, dass
das nichts bringt. Wer in Besprechungen immer
am Thema vorbei argumentiert oder sich abschät-
zig oder verletzend äußert, wird nicht sympathi-
scher dadurch, dass er einen Smiley auf seine Be-
sprechungsmappe klebt. Oder hinten am Auto einen *„Ich bremse auch für Tiere"*-Aufkleber spazieren
fährt, aber vorne regelmäßig die Hupe erklingen
lässt, um das Fehlverhalten anderer zu rügen.
Mehr hierzu findest Du in *„Hilfe, mein Brett vorm
Kopf hat einen Holzwurm!"*

Als Kleinkind wurde das Aufstehen und Gehen
so lange probiert und variiert, bis es gelang. Hier
gehören auch die Menschen hin, die so denken
*„Okay, ich bin nicht schön. Aber ich kann so erfolgreich
und dadurch so reich und mächtig werden, dass die
Leute mich trotzdem mögen (müssen)"*. Hier ist die
Grenze zur Überkompensation erreicht.

Überkompensation

Wenn ich über das Ziel hinausschieße, treffe ich vielleicht die Gegner von morgen.

Überkompensation kennen zumindest Sportler, wenn auch vielleicht eher unter dem Begriff Superkompensation. Damit ist gemeint, dass der Körper einen erschöpften Muskel nach einer großen Belastung besser als eigentlich erforderlich repariert und erholt, damit er anschließend besser auf eine vergleichbare Belastung vorbereitet ist. Muskelberge entstehen halt nicht allein durch Hilfsmittel, sondern vor allem aufgrund der natürlichen Neigung des Körpers, proaktiv auf Belastungen zu reagieren. Darum bildet sich auch Hornhaut an den Füßen, ein Überbein an der Stelle, mit der unser Handgelenk aufliegt, wenn wir stundenlang die Maus schwingen.

In psychologischer Hinsicht geschieht eine Überkompensation dann, wenn wir mehr tun, als zum Ausgleich des Minderwertigkeitsgefühls erforderlich ist. Ein 600-PS-Bolide für Stau und Stadtverkehr, eine Armbanduhr, die so teuer ist wie manches Einfamilienhaus lösen bei vielen Menschen Unverständnis und Ablehnung hervor.

Ähnlich verhält es sich am anderen Ende der Einkommensskala, wo uns das passiv-aggressive Verhalten manches Zeitgenossen sprachlos macht. Von *„das steht nicht in meiner Stellenbeschreibung, das ist nicht MEIN Job"* über *„Weißt Du, wie spät es ist?"* „Ja", bis *„Weißt Du, wo XY ist?"* „Ja klar, Du nicht?" ist die Bandbreite beliebig erweiterbar. Darauf angesprochen, dass die Antwort vielleicht richtig ist aber definitiv nutzlos, wird uns vorgeworfen, dass unsere Frage halt nichts taugte.

Immer Recht behalten zu müssen und sei es mit fadenscheinigen Pseudoargumenten, jeden kleinen Fehler anderer korrigieren zu müssen gehört ebenfalls hierher.

Das Kompensationsverhalten bei ausgeprägten Minderwertigkeitsgefühlen ist häufig gleich und kann in zwei Spielarten unterschieden werden.

Typ-1: Ich bin besser als Du

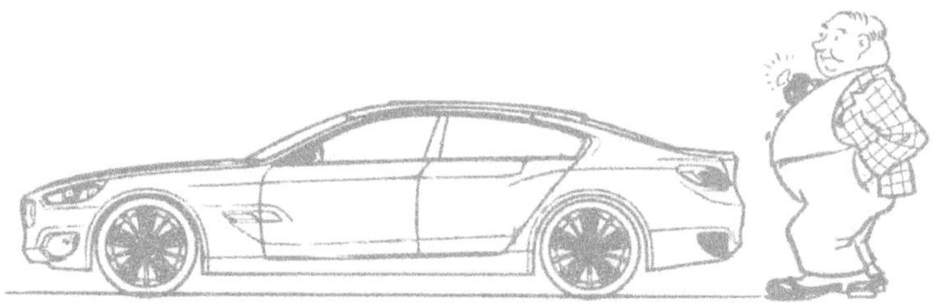

Kompensations-Typ-1 versucht, jederzeit Oberwasser zu haben. Er hat den dicksten oder schnellsten oder bequemsten oder schönsten Wagen in der Tiefgarage, je nachdem, was seine Lebensstilpriorität ist. Er trägt die außergewöhnlichste Garderobe, individuelle Schmuckstücke und Accessoires.

Und wenn er nicht über die finanziellen Mittel verfügt und preiswert einkaufen muss, kann er eine Geschichte erzählen, die das gute Stück aufwertet. Er hatte keinen einzigen Tag Regen im Urlaub, bekommt immer einen Tisch im Restaurant und kennt die interessantesten Menschen.

In der Interaktion mit solchen Menschen fühlt man sich leicht als Komparse oder sogar nur als Publikum. „Ich hatte den besten Intelligenztest. Es hat noch nie so gute Ergebnisse gegeben, wie in meinem Intelligenztest. Man müsste schon fast einen neuen Intelligenztest erfinden, um meine Intelligenz zu messen" - mehr sage ich nicht. (Tipp: Der Mann hat *auch* Frisur Probleme).

Typ-1 will seine Minderwertigkeitsgefühle durch, krampfhafte oder sogar schon krankhafte Inszenierung ausgleichen. *„Sieh nur, wie gut es mir geht und wie großartig ich bin!"*. Facebook ist voll mit Selbstdarstellern vom **Typ-1**, die ihre tiefliegenden Verletzungen und Verunsicherungen durch eine *„Bin ich nicht ein toller Life-Coach-Inszenierung?!"* auszugleichen versuchen.

Typ-2: Gleich geht es Dir genauso mies wie mir

Während **Typ-1** nur ein wenig lästig ist und der Umgang nach dem Motto ,*aus dem Augen, aus dem Sinn*' gut vermieden werden kann, ist der Kompensations-**Typ-2** ein ganz anderes Kaliber.

Er hat sich dagegen entschieden, sich aufzuwerten, um sein Minderwertigkeitsgefühl auszugleichen. Es hat sich vielmehr dafür entschieden, die anderen auf sein Niveau herunterzuholen. *„Schicke Jacke! Gab es die nicht mehr in Deiner Größe?" „Ich finde das ja ein wenig nuttig, aber Dir steht das wunderbar!" „Ich finde es toll, wie gerne Du kochst, obwohl Du es nicht kannst" „Ja, als ich mir noch nichts Besseres leisten konnte, habe ich das auch eine Zeit lang gekauft"*.

Oder **Typ-2** erzählt die ganze Zeit von seinen Missgeschicken oder den Katastrophen in der Verwandtschaft und der Nachbarschaft. Keine Horror-Nachricht ist zu banal oder zu uninteressant, um sie aufzubacken und mit einer Lawine des Schreckens die gute Laune bei den Mitmenschen zu vertreiben.

Denn **Typ-2** will seine Minderwertigkeitsgefühle dadurch ausgleichen, dass er den Kontrast beseitigt. Wenn es uns gut geht, erkennt er sein Dilemma umso deutlicher. Wenn es uns ebenso mies geht wie ihm, ist diese Differenz beseitigt und außerdem fühlt er sich nicht mehr allein schlecht. Ein Doppelter Gewinn – in seinem verqueren Denken.

Das nächste Mal, wenn sich jemand auffällig vermeidend, passiv-aggressiv oder extrem darstellerisch benimmt, einfach mal denken *„Oh, der/die Arme hat ein Minderwertigkeitsgefühl und muss gerade ein wenig Niveauausgleich vornehmen. Nun gut, aber ich lasse mich nicht zu ihm/ihr herunterziehen"*.

Leiden wir unter Minderwertigkeitsgefühlen und lernen nicht, diese zu kontrollieren, dann kontrollieren diese irgendwann uns. Wir sind dann irgendwann dauerhaft besorgt oder sogar ängstlich, dass jemand unsere Minderwertigkeit bemerken könnte und uns Probleme bereitet. So werden viele Präventivschläge geführt, um genau das zu verhindern.

Unser Selbstwertgefühl macht einen großen Teil unseres Selbstbewusstseins aus. Wenn wir uns unterlegen fühlen, dann macht das Angst, der Situation oder den sich daraus ergebenden Konsequenzen nicht gewachsen zu sein.

karierte Gänseblümchen

Dieser Abschnitt ist total krank, Pardon! Die in diesem Abschnitt vorgestellten Vollpfosten sind leider psychisch krank, es geht um:

„Bin ich nicht toll?" - Narzissten

„Ich find euch alle Scheiße!" - Querulanten

„Verlass mich nicht!" - Kletten

„Das Bild hängt schief!" - Zwanghafte

Allgemeines zu karierten Gänseblümchen

Während meiner Arbeit als Fernlehrer und Seminarleiter für die Hamburger Fernschulen (ILS, HAF) haben wir besonders schwierige, uneinsichtige oder anderweitig unangenehme Teilnehmer gelegentlich mit dem Codewort ‚kariertes Gänseblümchen' bezeichnet. Gibt es eigentlich nicht, aber jede Regel hat ja eine Ausnahme :-)

Ich habe den Begriff in meinem Sprachschatz behalten und bezeichne damit schon mal Zeitgenossen, deren Verhalten nicht mehr so ganz ‚normal-neurotisch' ist, sprich: Die man auch ‚ein ganz besonderes Geschenk an die Menschheit, zum Erlernen und Trainieren von Geduld und Selbstkontrolle' nennen könnte.

Dabei sollten wir aber bedenken, dass das, was wir sehen, nur die Spitze des Eisbergs ist. Die Betroffenen wissen meist nicht, wo genau bei Ihnen der Hase im Pfeffer liegt. Sie merken sehr wohl, dass etwas nicht in Ordnung ist, weil ihr Umfeld, privat wie beruflich, zunehmend negatives Feedback gibt oder sich von ihnen zurückzieht. Allerdings beziehen sie das meist auf die jeweilige Bezugsperson, so nach dem Motto „*Der ist auch ko-*

misch geworden mit der Zeit!" und sehen das Verhalten ihrer Mitmenschen nicht als Reaktion auf ihre Marotten etc.

Dabei haben die Denk- und Verhaltensmuster, die uns Mitmenschen das Leben mit ihnen schwer machen, meist schon in der Kindheit und Jugend begonnen, sich zu entwickeln. Und zwar als Reaktion auf ein Ereignis oder auf Lebensumstände, die die junge Seele seinerzeit überlastet haben.

Ich erkläre das einen Patienten schon mal mit einem übereifrigen Bodyguard. Eigentlich wurde der mal engagiert, um Körper und Seele vor weiterem Schmerz und Schaden zu beschützen. Doch inzwischen hat er sich verselbständigt und macht seinen Job so gut, dass er niemanden mehr an uns heran lässt und alle um uns herum verscheucht.

Passend zu den vier Prioritäten nach Adler und den Angstformen nach Riemann habe ich die vier folgenden Pflänzchen aus dem Diagnose-Handbuch ausgewählt. Du kannst sie sozusagen als ‚Endstufe' der Entwicklung der zuvor beschrieben vier Typen betrachten.

Narzissten

„Bin ich nicht toll?"

Umgangssprachlich als Narzissten bezeichnete Menschen haben meist eine so genannte narzisstische Persönlichkeitsstörung.

Bei Narziss, dem Namensgeber für diese von Sigmund Freud auch als „Charakterneurose" bezeichnete psychische Störung, handelt es sich um eine fiktive Figur aus der griechischen Mythologie. Laut griechischer Mythologie war Narziss ein Jüngling, der sich in sein eigenes Spiegelbild verliebte, das er in einer Quelle sah. Da er sein Spiegelbild nicht erreichen konnte, verweilte er an der Quelle und starb letztendlich vor Liebeskummer. An der Stelle, an der er starb, soll eine Narzisse, eine Blume gewachsen sein. Die Geschichte von Narziss gilt als ein Symbol für Selbstverliebtheit und die Unfähigkeit, wahre Liebe zu erkennen oder zu erwidern. Sie diente als Grundlage für den

Begriff ‚Narzissmus‘, der die übermäßige Selbstliebe und Selbstbewunderung beschreibt.

Die narzisstische Persönlichkeitsstörung kann auch bildhaft als ‚Spiegelwelt‘ beschrieben werden, in der eine Person von einem übermäßigen Verlangen nach Bewunderung und einem Mangel an Einfühlungsvermögen geprägt ist. In ihrer privaten Welt dreht sich alles um die eigenen Bedürfnisse und das verletzliche Selbstwertgefühl des Betroffenen, welches nicht selten massiv gegen vermeintliche Gegner verteidigt wird. Die betroffenen Personen suchen ständig nach Bestätigung und Bewunderung, um ihr schwaches und zerbrechliches Selbstwertgefühl zu stärken. Dabei ist bei ihnen selbst häufig ein erheblicher Mangel an Einfühlungsvermögen festzustellen.

So ist es kein Wunder, dass Ihnen das Einfühlungsvermögen für die Gefühle anderer fehlt. Die Bedürfnisse und Emotionen anderer werden daher oft übersehen oder sogar bewusst ignoriert, da die Aufmerksamkeit hauptsächlich auf der eigenen Spiegelung liegt.

Dazu putzen sie sich heraus. Doch wenn man mal, zum Beispiel mit einem Feedback oder gar einer Kritik an der Oberfläche kratzt, kommt hinter der glänzenden Fassade oft ein fragiles Selbstwertgefühl zum Vorschein. Ihre ständige Suche nach

Bewunderung dient dazu, das Selbstwertgefühl zu schützen und zu stärken.

Zur Diagnose einer narzisstischen Persönlichkeitsstörung achten Fachleute unter anderem auf folgende Eigenschaften:

- Merkmale wie Grandiosität,
- Fantasien von Erfolg und Macht,
- ständiges Verlangen nach Bewunderung,
- fehlendes Einfühlungsvermögen.

Abgeschwächte Versionen, bei denen die Betroffenen noch nicht ausreichend die Kriterien zur Diagnose einer Persönlichkeitsstörung erfüllen werden übrigens mit ‚narzisstisch akzentuiert' oder ‚Züge einer narzisstischen Persönlichkeit' umschrieben.

Hier nun einige weitere Beispiele, die ich zum besseren Verständnis entwickelt habe. Denn die Gesichter der Narzissten sind vielfältig. Die Patientendaten wurden insoweit verfremdet, dass kein Bezug zu den tatsächlichen Personen hergestellt werden kann:

Lena, 25 Jahre alt, ist ein Model und Influencerin in den sozialen Medien. Sie verbringt Stunden damit, sich selbst auf Fotos zu inszenieren und sorgfältig ausgewählte Bilder von sich zu posten. Sie erwartet, dass ihre

Follower sie ständig bewundern und loben. Wenn sie nicht genug Bestätigung erhält, fühlt sie sich schnell verletzt und wütend. Lena zeigt oft wenig Interesse an den Problemen oder Gefühlen anderer und neigt dazu, sich in ihrer eigenen Spiegelwelt zu verlieren. Hinter ihrer glamourösen Fassade verbirgt sich jedoch ein starkes Bedürfnis nach Anerkennung, das sie mit ihrem ständigen Spiegelbild zu kompensieren versucht.

Franz, 30 Jahre alt, ist ein aufstrebender Unternehmer, der nach außen hin sehr selbstsicher und erfolgreich wirkt. Er spricht ständig über seine großen Pläne und Ziele und erwartet, dass andere seine Ideen bewundern und unterstützen. Wenn jemand seine Vorschläge oder Leistungen kritisiert, reagiert er schnell mit Wut und Ablehnung. Max zeigt wenig Verständnis für die Bedürfnisse seiner Mitmenschen.

Narzissten als Mitarbeiter

Ein narzisstischer Mitarbeiter und konzentriert sich hauptsächlich darauf, seine eigene Vision zu verwirklichen. Obwohl er nach außen hin grandios und machtvoll wirkt, verbirgt sich hinter dieser Fassade ein fragiles Selbstwertgefühl, das er durch ständige Bestätigung zu schützen versucht. Oft hält er mit seinen Fähigkeiten, seinem Wissen etc.

hinter dem Berg, um dann aber bei ausreichend großem Publikum ‚grandios aufzutrumpfen".

Führungskräfte, die einen narzisstischen Mitarbeiter führen müssen, können auf verschiedene Probleme und Herausforderungen stoßen, die sich auf die Arbeitsumgebung und das Team auswirken können:

Konflikte und Spannungen im Team

Ein narzisstischer Mitarbeiter neigt dazu, sein Bedürfnis nach Bewunderung und Anerkennung in den Vordergrund zu stellen. Dies kann zu Konflikten mit Kollegen führen, insbesondere wenn der Mitarbeiter sich in den Mittelpunkt drängt und die Leistungen anderer herabsetzt.

Schwierige Zusammenarbeit

Narzisstische Mitarbeiter neigen dazu, wenig Einfühlungsvermögen zu haben und sich hauptsächlich auf ihre eigenen Bedürfnisse zu konzentrieren. Dies kann zu einer schwierigen Zusammenarbeit führen, da der Mitarbeiter möglicherweise nicht bereit ist, die Perspektiven oder Ideen anderer anzuerkennen. Dies kann zum Beispiel Ressourcenkonflikte auslösen. Auch sind Narzissten

aufgrund ihrer tief verwurzelten Selbstunsicher-
heit kaum durch Feedback oder Kritikgespräche
zu führen. Ihr verzweifelter Drang nach Anerkennung lässt keine Selbst-Reflektion und damit keine
Entwicklung zu.

Störung des Arbeitsklimas

Das ständige Verlangen, sich zu inszenieren
und im Mittelpunkt zu stehen kann das Arbeits-
klima belasten. Der narzisstische Mitarbeiter
könnte beispielsweise unangemessenes Verhalten
an den Tag legen, um im Mittelpunkt zu stehen,
was zu Unzufriedenheit und Spannungen im
Team führen kann. Nicht selten greifen sie auch zu
chauvinistischen oder anzüglichen Bemerkungen
und Anspielungen, wenn sie ihr Ziel mit einfache-
ren Mitteln nicht erreichen.

Schwierigkeiten bei der Leistungsbeurteilung

Es kann schwierig sein, die Leistung eines narzisstischen Mitarbeiters objektiv zu beurteilen, da er
oder sie oft bestrebt ist, die eigenen Leistungen zu
übertreiben und die Leistungen anderer herabzusetzen. Dabei lässt der Narzisst zur Not auch einen
Kollegen ‚über die Klinge springen‘, nach dem

Motto „*Lieber einen Freund gehängt, als eine Chance zur Selbstinszenierung verschenkt*".

Die Führungskraft ist gefordert, einen angemessenen Umgang mit einem narzisstischen Mitarbeiter zu finden, um die Arbeitsumgebung und das Teamklima zu erhalten. Dies erfordert ein hohes Maß an Sensibilität, klare Kommunikation und gegebenenfalls professionelle Unterstützung, um die Dynamik im Team zu bewältigen.

Dabei ist auch ein gesundes Augenmaß gefragt, denn das ständige Tanzen um das selbsternannte goldene Kalb kann dazu führen, dass die übrigen Teammitglieder abwandern. In andere Abteilungen oder zu anderen Arbeitgebern. Der Nutzen der Beschäftigung eines Narzissten muss daher immer sorgfältig gegen die Folgeschäden seiner Betriebszugehörigkeit abgewogen werden.

Narzissten als Partner

Anna ist seit zwei Jahren mit Alex zusammen. Anfangs war sie von seiner charismatischen Art und seinem selbstbewussten Auftreten fasziniert. Doch im Laufe der Zeit hat sie festgestellt, dass Alex sehr empfindlich auf Kritik reagiert und oft das Bedürfnis hat, im Mittelpunkt zu stehen. Anna findet es zunehmend schwierig, sich in der Beziehung Gehör zu verschaffen, da Alex häufig das Gespräch dominiert und wenig Interesse an ihren Gedanken zeigt.

Tägliche Probleme, mit denen Anna konfrontiert ist:

Mangelnde emotionale Unterstützung

Anna fühlt sich oft einsam und unverstanden, da Alex wenig Interesse an ihren Gefühlen und Bedürfnissen zeigt. Sein eigenes Bedürfnis nach Bewunderung steht im Vordergrund.

Konflikte und Spannungen

In der Beziehung entstehen immer wieder Konflikte, da Alex Schwierigkeiten hat, Annas Perspektive zu verstehen. Kritik oder Feedback werden oft als Angriff auf seine Person aufgefasst, was zu Spannungen führt.

Gefühl der Unwichtigkeit

Anna hat das Gefühl, dass ihre eigenen Bedürfnisse und Wünsche in der Beziehung oft hinten angestellt werden, da Alex hauptsächlich seine eigenen Ziele und Wünsche verfolgt.

Selbstzweifel und Unsicherheit

Aufgrund von Alex' dominantem Auftreten und seiner Fähigkeit, die Beziehung oft auf sich zu fokussieren, beginnt Anna, an sich selbst zu zweifeln und fühlt sich unsicher in der Partnerschaft.

Der Partner eines Narzissten kann täglich mit einer Vielzahl von emotionalen und zwischenmenschlichen Problemen konfrontiert sein, die das Wohlbefinden und die Stabilität der Beziehung beeinträchtigen können. Psychisch gesunde Menschen lassen sich das häufig nicht gefallen und suchen ihr Heil zum Beispiel in der Flucht. Darum suchen sich Narzissten häufig Partner aus, die selbst ein Problem haben, zum Beispiel eine so genannte ‚abhängige Persönlichkeitsstörung‘.

Narzissmus-Checkliste

- **Übermäßiges Bedürfnis nach Bewunderung und Anerkennung**: Narzisstische Personen suchen ständig nach Bestätigung und Bewunderung von anderen, um ihr Selbstwertgefühl zu stärken.
- **Mangelndes Einfühlungsvermögen**: Sie zeigen oft wenig Interesse an den Bedürfnissen und Gefühlen anderer, da sie hauptsächlich

mit ihren eigenen Bedürfnissen beschäftigt sind.

- **Übersteigertes Selbstwertgefühl**: Narzisstische Personen neigen dazu, sich als außergewöhnlich und überlegen zu betrachten, und erwarten, dass andere sie genauso sehen.
- **Gefühl der Überlegenheit**: Sie neigen dazu, andere herabzusetzen oder zu kritisieren, um sich selbst besser darzustellen.
- **Ausnutzung anderer**: Narzisstische Personen haben oft Schwierigkeiten, sich in andere hineinzuversetzen, und nutzen andere manchmal aus, um ihre eigenen Ziele zu erreichen.
- **Mangel an Verantwortungsübernahme**: Sie zeigen oft wenig Bereitschaft, Verantwortung für ihre eigenen Handlungen zu übernehmen und schieben Fehler gerne anderen zu.
- **Neid und Eifersucht**: Narzisstische Personen können stark auf die Erfolge anderer reagieren und neidisch oder eifersüchtig sein.
- **Manipulatives Verhalten**: Sie neigen dazu, andere durch manipulatives Verhalten zu kontrollieren oder zu beeinflussen, um ihre eigenen Ziele zu erreichen.

Tipps, um Narzissten zu überleben

Im Folgenden habe ich acht Tipps zusammengestellt, wie man am besten auf einen Narzissten reagieren und sich ihm gegenüber verhalten kann, um möglichst wenig Probleme mit ihr/ihm zu haben und die eigene mentale und emotionale Gesundheit zu schützen.

- **Grenzen setzen**: Klare und konsequente Grenzen setzen, um sich vor übermäßiger Ausnutzung zu schützen.
- **Kommunikation**: Klar und direkt kommunizieren, ohne übermäßige Emotionen oder Dramatik.
- **Selbstfürsorge**: Sich auf die eigene mentale und emotionale Gesundheit konzentrieren, um sich nicht von den Bedürfnissen des Narzissten überwältigen zu lassen.
- **Realistische Erwartungen**: Realistische Erwartungen an die Interaktionen mit dem Narzissten haben und keine übermäßigen Veränderungen erwarten.
- **Unabhängigkeit bewahren**: Eigene Unabhängigkeit bewahren und sich nicht von der Meinung des Narzissten abhängig machen.

- **Keine Manipulation zulassen**: Sich bewusst sein, dass Narzissten oft manipulatives Verhalten zeigen und sich dagegen schützen.
- **Unterstützung suchen**: Sich mit anderen vertrauenswürdigen Personen austauschen und Unterstützung suchen, um die Interaktionen mit dem Narzissten zu bewältigen.
- **Professionelle Hilfe**: In besonders belastenden Situationen professionelle Hilfe in Anspruch nehmen, um mit den Herausforderungen umzugehen.

Schauen wir uns nun, nach Mrs./Mr. *„Bin ich nicht wunderbar!?"* Frau/Herrn *„Ich find euch Scheiße!"* an:

Querulanten

„Ihr habt sie doch nicht alle, aber MIT MIR könnt ihr das nicht machen!"

Umgangssprachlich als Querulanten bezeichnet werden Menschen mit einer anfänglich ‚querulatorisch akzentuierten Persönlichkeit' bzw. in der Endausbaustufe einer querulatorischen Persönlichkeitsstörung. Es handelt sich um eine Sonderform der paranoiden Persönlichkeitsstörung.

Die paranoide Persönlichkeitsstörung kann als ein Zustand ständiger Wachsamkeit beschrieben werden, in dem eine Person dazu neigt, anderen Menschen und Situationen misstrauisch gegenüberzustehen. Es ist, als ob die Welt um sie herum als potenzielle Bedrohung wahrgenommen wird, was zu einer angespannten und oft feindseligen Einstellung führt.

Die Metapher der ständigen Wachsamkeit kann helfen, die angespannte und misstrauische Haltung zu veranschaulichen, die Menschen mit paranoider Persönlichkeitsstörung erleben. Indem man sich vorstellt, ständig auf der Hut zu sein und alles um sich herum auf potenzielle Bedrohungen zu überprüfen, kann man das Verständnis für die Herausforderungen, mit denen Menschen mit dieser Störung konfrontiert sind, vertiefen. Beispiele:

Anna leidet unter paranoider Persönlichkeitsstörung. Sie arbeitet in einem Büro und ist ständig davon überzeugt, dass ihre Kollegen hinter ihrem Rücken über sie reden und sie absichtlich ausschließen. Selbst wenn ihre Kollegen freundlich zu ihr sind, interpretiert sie ihre Handlungen als versteckte Angriffe. Anna vermeidet soziale Interaktionen und ist überzeugt, dass sie niemandem vertrauen kann.

Markus hat eine paranoide Persönlichkeitsstörung. Er lebt allein und hat überall in seinem Haus Sicherheitskameras installiert. Er ist fest davon überzeugt, dass seine Nachbarn und die Regierung ihn beobachten und belauschen. Er vermeidet jegliche Form von sozialen Interaktionen aus Angst vor möglichen Angriffen oder Überwachung. Sein Misstrauen gegenüber anderen Menschen führt dazu, dass er sich isoliert und einsam fühlt.

Querulanten als Mitarbeiter

Für eine Führungskraft ergeben sich besondere Herausforderungen, wenn sie einen Mitarbeiter mit paranoider Persönlichkeitsstörung oder querulatorischem Verhalten führen muss. Hier sind einige Probleme, die auftreten können:

Misstrauen und Konflikte

Ein Mitarbeiter mit paranoider Persönlichkeitsstörung kann dazu neigen, Misstrauen gegenüber seinen Kollegen und Vorgesetzten zu hegen. Dies kann zu Konflikten und Spannungen im Team führen, da der Mitarbeiter möglicherweise Handlungen oder Aussagen anderer falsch interpretiert.

Isolation und Rückzug

Aufgrund des ausgeprägten Misstrauens kann der Mitarbeiter soziale Interaktionen und Teamarbeit meiden. Dies kann zu Isolation und einer geringeren Teamdynamik führen, was die Zusammenarbeit im Team beeinträchtigen kann.

Kommunikationsherausforderungen

Es kann schwierig sein, effektiv mit einem Mitarbeiter mit paranoider Persönlichkeitsstörung zu kommunizieren, da er dazu neigt, selbst neutrale Aussagen als Bedrohung zu interpretieren. Dies erfordert von der Führungskraft eine sensible und klare Kommunikation.

Das Querulatorische Verhalten äußert sich dabei meist wie folgt:

Konflikte und Störungen

Ein Mitarbeiter mit querulatorischem Verhalten neigt dazu, häufig und unnötig Konflikte auszulösen. Dies kann zu Störungen im Team und zu einem ineffizienten Arbeitsumfeld führen, da die Führungskraft vermehrt Zeit und Energie darauf verwenden muss, diese Konflikte zu bewältigen.

Belastung für das Team

Das querulatorische Verhalten eines Mitarbeiters kann das gesamte Team belasten, da es zu Unruhe und Unzufriedenheit bei den Kollegen führen kann. Die Stimmung und die Produktivität im Team könnten darunter leiden.

Management von Beschwerden

Die Führungskraft muss in der Lage sein, Beschwerden und Probleme, die aus dem querulatorischen Verhalten des Mitarbeiters resultieren, angemessen zu managen und zu lösen, um das Arbeitsumfeld für alle zu erhalten.

Die Führungskraft muss daher sensibel und einfühlsam vorgehen, um die spezifischen Bedürfnisse und Herausforderungen dieser Mitarbeiter zu verstehen und angemessen zu reagieren. Klare Kommunikation, professionelle Unterstützung und die Schaffung eines unterstützenden Arbeitsumfelds können dazu beitragen, diese Herausforderungen zu bewältigen.

Querulanten als Partner

Lisa ist die Partnerin von Martin, der querulatorisches Verhalten zeigt. Sie erlebt täglich verschiedene Probleme aufgrund von Martins Verhalten:

Ständige Konflikte

Lisa findet sich in ständigen Konflikten mit Martin wieder, da er oft unnötige Auseinandersetzungen mit Nachbarn, Behörden oder anderen Personen provoziert. Dies führt zu angespannten und unangenehmen Situationen, die die Beziehung belasten.

Soziale Isolation

Aufgrund von Martins Verhalten fühlt sich Lisa oft sozial isoliert. Sie vermeidet es, Einladungen zu sozialen Veranstaltungen anzunehmen, da sie besorgt ist, dass Martin dort Konflikte auslösen könnte. Dadurch fühlt sie sich einsam und eingeschränkt in ihrem sozialen Leben.

Emotionale Belastung

Die ständigen Konflikte und Unruhen, die durch Martins Verhalten entstehen, belasten Lisa emotional stark. Sie fühlt sich gestresst, überfordert und manchmal auch hilflos in dieser Situation. Die angespannte Atmosphäre zu Hause beeinflusst ihre Stimmung und ihr Wohlbefinden.

Beziehungsprobleme

Lisa und Martin haben aufgrund seines querulatorischen Verhaltens zunehmend Probleme in ihrer Beziehung. Die ständigen Spannungen und Konflikte belasten ihre Partnerschaft, was zu Unzufriedenheit und Frustration führt.

Unterstützung von außen suchen

Lisa ist oft auf der Suche nach Unterstützung und Rat von Freunden, Familienmitgliedern oder sogar professionellen Beratern, um mit der Belastung umzugehen, die durch Martins Verhalten entsteht.

Die Partnerin/der Partner eines Querulanten kann mit erheblichen emotionalen, sozialen und Beziehungsproblemen konfrontiert sein, die eine große Belastung darstellen können. Es ist wichtig, dass sie Unterstützung und angemessene Bewältigungsstrategien findet, um mit diesen Herausforderungen umzugehen.

Querulanten-Checkliste

Eine querulatorische Persönlichkeit, die durch ständige Streitsucht und das Bedürfnis, sich gegen alles und jeden zu wenden, gekennzeichnet ist, kann an verschiedenen Merkmalen erkannt werden. Hier sind acht Punkte, an denen man eine querulatorische Persönlichkeit erkennen kann:

- **Ständiges Streben nach Konflikten**: Die Person sucht aktiv nach Konflikten und Auseinandersetzungen, auch wenn es keinen offensichtlichen Grund dafür gibt.
- **Misstrauen und Feindseligkeit**: Sie ist misstrauisch gegenüber anderen und neigt dazu, Feindseligkeit zu zeigen, selbst wenn keine feindlichen Absichten erkennbar sind.
- **Opferrolle einnehmen**: Neigt dazu, sich selbst als Opfer zu inszenieren und die Schuld für alle Probleme auf andere zu schieben.
- **Unnachgiebigkeit**: Zeigt wenig Bereitschaft, Kompromisse einzugehen oder andere Sichtweisen zu akzeptieren.
- **Ständiges Beklagen und Kritisieren**: Neigt dazu, sich ständig zu beklagen und andere zu kritisieren, ohne konstruktive Lösungen anzubieten.
- **Rechthaberei**: Hält stur an der eigenen Meinung fest und ist unfähig, Fehler einzugestehen oder sich zu entschuldigen.
- **Soziale Isolation**: Hat oft Schwierigkeiten, enge Beziehungen aufrechtzuerhalten, da sie durch ihr Verhalten andere abschreckt.

- **Unverhältnismäßige Reaktionen**: Zeigt unverhältnismäßige Reaktionen auf normale Alltagssituationen und interpretiert neutrale Handlungen als persönlichen Angriff.

Verhaltens-Tipps für Querulanten

- **Bleibe ruhig und gelassen**: Versuche, in Konfliktsituationen ruhig zu bleiben, um die Eskalation der Spannungen zu vermeiden.
- **Setze klare Grenzen**: Klare und feste Grenzen zu setzen ist wichtig, um sich vor übermäßigem Einfluss oder unangemessenem Verhalten zu schützen.
- **Kommuniziere klar und präzise**: Vermeide unklare oder doppeldeutige Kommunikation, um Missverständnisse zu vermeiden und klare Erwartungen zu setzen.
- **Vermeide Provokation**: Versuche, Dich nicht auf provokantes Verhalten einzulassen, da dies zu weiteren Konflikten führen kann.
- **Suche Unterstützung**: Hole Dir Unterstützung von Kollegen, Vorgesetzten oder professionellen Beratern, um angemessen mit schwierigen Situationen umzugehen.

- **Dokumentiere Vorfälle**: Halte Ereignisse und Konflikte schriftlich fest, um bei Bedarf Beweise für unangemessenes Verhalten zu haben.

- **Selbstfürsorge**: Achte auf Dein eigenes Wohlbefinden und praktiziere Selbstfürsorge, um Dich vor den Belastungen durch solche Interaktionen zu schützen.

- **Professionelle Hilfe in Erwägung ziehen**: Wenn die Situation zu belastend wird, ziehe in Betracht, professionelle Hilfe in Anspruch zu nehmen, um angemessene Bewältigungsstrategien zu entwickeln.

Weiter geht die Reise von Mrs./Mr. *„Ich find euch Scheiße!"* zu Frau/Herrn *„Ohne Dich bin ich nichts, oder?"*

Kletten

„Wenn Du mich verlässt,
nimmst Du mich dann mit?"

Wie Kletten im Hundefell hängen abhängige Persönlichkeiten, bzw. Menschen mit einer abhängigen Persönlichkeitsstörung an ihrer Bezugsperson.

Nicht selten sind diese Bezugspersonen, allgemein gesagt, keine netten Menschen. Sondern vielmehr Narzissten, Machos, Choleriker oder andere ‚schwierige Zeitgenossen'. Es scheint fast so, als würden die abhängigen Persönlichkeiten sich gezielt solche Bollerköppe und Zimtzicken aussuchen, nach dem Motto *„loving you is a dirty job, but somebody (ME) has to do it!"* Und so habe ich in den vergangenen Jahren so einige traurige Dinge gehört von abhängigen Frauen, die sich einen Scheißkerl ausgesucht haben, wie zum Beispiel *„Das sieht schlimmer aus, als es ist, aber wenn ich mich oder die Kinder mal blutig schlägt, dann gehen wir wirklich! *Schluchz*"*

Eine Person mit einer asthenischen bzw. abhängigen Persönlichkeitsstörung neigt dazu, sich stark auf andere zu verlassen und hat oft große Angst davor, von anderen abgelehnt oder allein gelassen zu werden. Sie fühlen sich oft unsicher und unzulänglich, was dazu führt, dass sie Schwierigkeiten haben, selbständige Entscheidungen zu treffen. Diese Personen suchen oft nach jemandem, der die Verantwortung für ihr Leben übernimmt, und zeigen möglicherweise ein übermäßiges Anpassungsverhalten, um die Zustimmung und Unterstützung anderer zu erhalten.

Stell dir vor, du bist auf einem großen, wilden Fluss und fühlst dich, als ob du ohne Rettungsring wärst. Du suchst verzweifelt nach jemandem, der dir einen Rettungsring zuwirft, um dich zu retten. Genau wie diese Person im Fluss, fühlt sich jemand mit einer asthenischen bzw. abhängigen Persönlichkeitsstörung oft allein und unsicher, und sie sehnen sich nach jemandem, der ihnen Sicherheit und Anleitung gibt, so wie der Rettungsring im wilden Fluss.

Die Merkmale der asthenischen bzw. abhängigen Persönlichkeitsstörung können mit den diagnostischen Kriterien des ICD-10 und DSM-5 in Verbindung gebracht werden. Diese Kriterien umfassen oft eine übermäßige Bedürftigkeit, Angst vor Trennung und ein starkes Verlangen nach Unterstützung und Bestätigung von anderen.

Durch die Verwendung dieser Metapher und die Verknüpfung mit den anerkannten Diagnosesystemen können Jugendliche und weniger gebildete Menschen ein besseres Verständnis für die asthenische bzw. abhängige Persönlichkeitsstörung gewinnen, ohne dass die Komplexität des Themas verloren geht. Beispiele für Patienten mit asthenischer bzw. abhängiger Persönlichkeitsstörung:

Lena ist eine 17-jährige Schülerin, die oft das Gefühl hat, dass sie ohne die Hilfe und Bestätigung ihrer Freunde und Familie nicht zurechtkommen kann. Sie ist ständig besorgt darüber, was andere von ihr denken könnten, und passt sich oft den Wünschen anderer an, selbst wenn es bedeutet, dass sie ihre eigenen Bedürfnisse vernachlässigt. Lena hat Schwierigkeiten, Entscheidungen zu treffen, und sucht häufig nach Anleitung von anderen, auch bei alltäglichen Dingen wie der Auswahl ihrer Kleidung oder ihrer Freizeitgestaltung. Sie hat große Angst davor, allein gelassen oder abgelehnt zu werden, und ist bereit, viel aufzugeben, um die Zustimmung und Unterstützung anderer zu bekommen.

Tom ist ein 25-jähriger Mann, der in seiner Arbeit und in seinem sozialen Leben oft die Entscheidungen anderer über seine eigenen stellt. Er ist unentschlossen und zögerlich, selbst bei kleinen alltäglichen Entscheidungen, und neigt dazu, sich von anderen leiten zu lassen, da er Angst davor hat, in irgendeiner Weise anzuecken. Tom hat Schwierigkeiten, Verantwortung zu übernehmen, auch für Dinge, die sein eigenes Leben betreffen, da er oft das Gefühl hat, dass er es nicht richtig machen könnte. Er sehnt sich nach Bestätigung und Unterstützung von anderen und ist oft bereit, seine eigenen Bedürfnisse und Wünsche zurückzustellen, um Konflikte zu vermeiden und die Zustimmung anderer zu erhalten.

Kletten als Mitarbeiter

Für eine Führungskraft kann es herausfordernd sein, einen asthenischen bzw. abhängigen Mitarbeiter zu führen. Die folgenden Probleme könnten sich ergeben:

Entscheidungen und Eigenverantwortung

Ein asthenischer bzw. abhängiger Mitarbeiter könnte Schwierigkeiten haben, eigenständige Entscheidungen zu treffen und Verantwortung zu übernehmen. Die Führungskraft muss möglicherweise zusätzliche Zeit und Ressourcen aufwenden, um den Mitarbeiter zu unterstützen und zu leiten.

Konflikte und Kritik

Da diese Mitarbeiter oft nach Bestätigung und Zustimmung suchen, könnten sie Konflikte oder kritische Rückmeldungen schlecht verkraften. Die Führungskraft muss sensibel vorgehen, um sicherzustellen, dass der Mitarbeiter sich wertgeschätzt und unterstützt fühlt, auch wenn Konflikte auftreten.

Abhängigkeit von der Führungskraft

Ein asthenischer bzw. abhängiger Mitarbeiter könnte dazu neigen, zu stark von der Führungskraft abhängig zu sein und sich in alltäglichen Aufgaben oder Entscheidungen unsicher zu fühlen. Dies könnte die Effizienz und Autonomie des Teams beeinträchtigen.

Rücksicht auf Bedürfnisse und Grenzen

Die Führungskraft muss in der Lage sein, die Bedürfnisse und Grenzen des asthenischen bzw.

abgängigen Mitarbeiters zu erkennen und angemessen darauf zu reagieren, um ein unterstützendes und förderliches Arbeitsumfeld zu schaffen.

Förderung von Selbständigkeit und -vertrauen

Es könnte erforderlich sein, zusätzliche Bemühungen zu unternehmen, um dem Mitarbeiter zu
helfen, Selbständigkeit und Selbstvertrauen aufzubauen, indem man ihm schrittweise mehr Verantwortung überträgt und positives Feedback gibt.

Durch Einfühlungsvermögen, klare Kommunikation und die Bereitschaft, individuelle Unterstützung anzubieten, kann eine Führungskraft dazu
beitragen, die Herausforderungen zu bewältigen,
denen ein asthenischer bzw. abhängiger Mitarbeiter möglicherweise gegenübersteht, und ein unterstützendes Arbeitsumfeld zu schaffen.

Kletten als Partner

Beispiel für einen Partner/eine Partnerin eines
Menschen mit asthenischer bzw. abhängiger Persönlichkeitsstörung:

Sarah ist die Partnerin von Alex, der an einer asthenischer bzw. abhängiger Persönlichkeitsstörung leidet. Sie erlebt täglich eine Reihe von Problemen, die sich aus der Beziehung mit Alex ergeben:

Entscheidungsfindung und Unabhängigkeit

Sarah fühlt sich oft überlastet, da Alex selbst bei kleinen Entscheidungen oder Planungen immer wieder ihre Bestätigung und Anleitung sucht. Sie hat das Gefühl, dass sie die Hauptverantwortung für viele Aspekte ihres gemeinsamen Lebens trägt.

Emotionale Belastung

Sarah fühlt sich häufig überfordert, da sie Alex' Bedürfnis nach ständiger Bestätigung und Unterstützung befriedigen muss. Sie macht sich Sorgen, dass sie ihn enttäuschen könnte, und fühlt sich oft erschöpft von der emotionalen Belastung.

Eingeschränkte Freiheit und Autonomie

Sarah hat das Gefühl, dass sie oft ihre eigenen Bedürfnisse und Wünsche zurückstellen muss, um Alex' Bedürfnisse zu erfüllen. Dies kann zu Frustration und

*einem Gefühl der Einschränkung ihrer eigenen Freiheit
führen.*

Mangelnde Selbständigkeit des Partners

*Sarah wünscht sich, dass Alex mehr Eigenverant-
wortung übernehmen und selbstständiger handeln
würde. Sie fühlt sich manchmal wie eine Mutterfigur,
die ihn ständig unterstützen und leiten muss.*

Angst vor Verlassenwerden

*Sarah hat Angst davor, dass Alex ohne ihre Hilfe
nicht zurechtkommen könnte, und fühlt sich daher oft
verpflichtet, immer für ihn da zu sein, um ihn vor Ablehnung oder Enttäuschung zu schützen.*

Die Partnerin eines Menschen mit asthenischer
bzw. abhängiger Persönlichkeitsstörung kann täglich mit einer Vielzahl von emotionalen und praktischen Herausforderungen konfrontiert sein, die
sich aus der Beziehung ergeben. Es ist wichtig,
dass sie sich ihrer eigenen Bedürfnisse bewusst ist
und Unterstützung erhält, um mit den Belastungen umgehen zu können.

Kletten-Checkliste

Hier ist eine Checkliste mit acht Punkten, an denen man eine asthenische Persönlichkeit erkennen kann:

- **Übermäßige Abhängigkeit**: Der Betroffene zeigt eine übermäßige Abhängigkeit von anderen, insbesondere in Bezug auf Entscheidungen und Handlungen des täglichen Lebens.
- **Selbstwertprobleme**: Die Person hat oft ein geringes Selbstwertgefühl und zweifelt an der eigenen Kompetenz und Fähigkeit, eigenständig zu handeln.
- **Angst vor Ablehnung**: Es besteht eine ausgeprägte Angst vor Ablehnung und Trennung, was zu einem starken Bedürfnis nach Bestätigung und Zustimmung führt.
- **Entscheidungsschwierigkeiten**: Der Betroffene hat oft Schwierigkeiten, eigenständige Entscheidungen zu treffen, und ist unsicher in Bezug auf seine eigenen Meinungen und Vorlieben.
- **Passivität**: Es besteht eine Tendenz zur Passivität und geringen Selbstinitiative, was zu einem Mangel an Selbständigkeit führen kann.

- **Unterwürfiges Verhalten**: Die Person zeigt oft unterwürfiges Verhalten gegenüber Autoritätspersonen oder anderen Menschen, um Zustimmung und Unterstützung zu erhalten.
- **Unfähigkeit zur Selbstständigkeit**: Es fällt der Person schwer, Verantwortung zu übernehmen und selbstständig zu handeln, insbesondere in neuen oder herausfordernden Situationen.
- **Mangelnde Durchsetzungsfähigkeit**: Der Betroffene hat oft Schwierigkeiten, eigene Bedürfnisse und Wünsche zu kommunizieren und durchzusetzen, was zu einem Gefühl der Hilflosigkeit führen kann.

Tipps für den Umgang mit Kletten

- **Setze klare Grenzen**: Es ist wichtig, klare und angemessene Grenzen zu setzen, um deine eigenen Bedürfnisse zu schützen. Sei konsequent in der Kommunikation deiner eigenen Grenzen, ohne dabei verletzend zu wirken.
- **Fördere und fordere Selbständigkeit**: Unterstütze die Person dabei, Selbständigkeit und Eigenverantwortung zu übernehmen. Ermutige sie, eigene Entscheidungen zu treffen und sich Herausforderungen zu stellen.

- **Biete Unterstützung, aber keine Übernahme**:
  Sei unterstützend, aber vermeide es, die Verantwortung für ihre Probleme zu übernehmen. Hilf der Person, Lösungen zu finden, anstatt alles für sie zu erledigen.

- **Klare Kommunikation**: Kommuniziere offen und ehrlich über deine eigenen Bedürfnisse und Erwartungen. Vermeide es, unklare oder widersprüchliche Botschaften zu senden.

- **Ermutige Unabhängigkeit**: Ermutige die Person, ihre eigenen Interessen zu verfolgen und unabhängige Aktivitäten zu unternehmen, um Selbstvertrauen und Autonomie zu stärken.

- **Suche Unterstützung für dich selbst**: Es ist wichtig, deine eigenen emotionalen Bedürfnisse zu berücksichtigen. Suche bei Bedarf professionelle Unterstützung oder Austausch mit anderen, um mit den Herausforderungen umzugehen.

- **Vermeide übermäßige Kritik**: Kritisiere die Person nicht übermäßig für ihre Abhängigkeit oder Schwierigkeiten, Entscheidungen zu treffen. Stattdessen ermutige sie zu kleinen Schritten in Richtung Selbständigkeit.

- **Selbstfürsorge**: Sorge gut für dich selbst, indem du auf deine eigenen Bedürfnisse achtest und Zeit für deine eigenen Interessen und Aktivitäten einplanst. Es ist wichtig, dass du dich selbst nicht vernachlässigst, während du anderen hilfst.

Abschließend werfen wir noch einen Blick auf Mrs./Mr. *„Alles im Griff, auf dem sinkenden Schiff!"*

Zwanghafte

„Das Bild hängt schief!"

Die zwanghafte Persönlichkeit(-sstörung), auch bekannt als obsessiv-kompulsive Persönlichkeitsstörung, ist durch einen übermäßigen Fokus auf Ordnung, Perfektionismus und Kontrolle gekennzeichnet. Menschen mit dieser Störung neigen dazu, extrem hohe Standards an sich selbst und andere anzulegen, was zu einem ständigen Bestreben nach Perfektion und Ordnung führt. Hier sind einige wichtige Merkmale und Verhaltensweisen, die typisch für eine zwanghafte Persönlichkeitsstörung sind:

Perfektionismus

Betroffene legen übermäßig hohe Anforderungen an sich selbst und andere, und neigen dazu, sich stark zu kritisieren, wenn diese Standards nicht erfüllt werden. (Als Fernstudierende treiben diese mich regelmäßig in den Wahnsinn, weil sie

160

mich eher bis aufs Blut bekämpfen, als zuzugeben
– zugeben zu können -, dass sie einen Fehler gemacht haben, aus der Korrektur gelernt haben und
es dann halt zukünftig besser machen.)

Kontrollverhalten

Die Person verspürt ein starkes Bedürfnis nach
Kontrolle über ihre Umgebung, ihre Handlungen
und ihre zwischenmenschlichen Beziehungen.

Rigide Denkmuster

Menschen mit zwanghafter Persönlichkeitsstörung halten oft stur an ihren eigenen Überzeugungen und Denkmustern fest, und zeigen wenig Flexibilität, wenn es um Veränderungen oder Abweichungen von ihren Plänen geht.

Übermäßige Gewissenhaftigkeit

Sie neigen dazu, äußerst gewissenhaft und akribisch zu sein, und investieren viel Zeit und Energie in die Planung und Organisation von Aktivitäten und Aufgaben. *„Gut statt perfekt!"* treibt ihnen
den Angstschweiß auf die Stirn.

Versagensängste

Betroffene haben oft starke Ängste vor Fehlern und Versagen, was zu einer übermäßigen Sorge um Details und Perfektion führt. Und letztlich werden damit die Teufel gerufen, die sich fürchten, denn mit einem solchen Druck kann man in der Prüfung ja nur versagen. Oder als Trainingsweltmeister alle an den Rand der Verzweiflung bringen.

Reduzierter zwischenmenschlicher Umgang

Aufgrund des starken Fokus auf Kontrolle und Perfektionismus kann es für Menschen mit zwanghafter Persönlichkeitsstörung schwierig sein, spontan und ungezwungen in sozialen Interaktionen zu agieren.

Mangelnde Flexibilität

Sie zeigen oft mangelnde Flexibilität und Anpassungsfähigkeit, insbesondere wenn ihre Routinen oder Regeln in Frage gestellt werden.

Menschen mit zwanghafter Persönlichkeit (ssstörung) erleben oft erhebliche Beeinträchtigungen in ihrem täglichen Leben, insbesondere in Bezug auf ihre zwischenmenschlichen Beziehungen und ihre Fähigkeit, sich zu entspannen und Freude zu empfinden. Es ist wichtig zu betonen, dass die zwanghafte Persönlichkeitsstörung von der Zwangsstörung, die durch wiederkehrende Zwangsgedanken und -handlungen gekennzeichnet ist, zu unterscheiden ist.

Beispiele für eine Patienten mit zwanghafter Persönlichkeitsstörung:

Anna, 35 Jahre alt, arbeitet als Projektmanagerin in einem großen Unternehmen. Sie hat hohe Ansprüche an sich selbst und andere. Anna verbringt Stunden damit, ihre Projekte zu planen und zu organisieren, um sicherzustellen, dass alles perfekt ist. Sie hat Schwierigkeiten, Delegieren übernimmt jedoch ungern die Verantwortung. Anna wird oft von Kollegen als pedantisch und überkontrolliert wahrgenommen. Sie hat Schwierigkeiten, sich zu entspannen oder sich auf spontane Aktivitäten einzulassen, da sie sich ständig Sorgen um Details und Perfektion macht.

Max, 40 Jahre alt, ist ein Lehrer an einer Oberschule. Er ist äußerst gewissenhaft und akribisch in seiner Arbeit, was dazu führt, dass er oft Überstunden macht, um sicherzustellen, dass alles perfekt ist. Max hat strenge Regeln und Routinen für sich selbst und andere, was zu Konflikten in seinen zwischenmenschlichen Beziehungen führt. Er hat Schwierigkeiten, sich zu entspannen und genießen, da er immer wieder in Gedanken bei seiner Arbeit und seinen Verpflichtungen ist. Max hat Schwierigkeiten, Flexibilität zu zeigen und auf Veränderungen in seinem Zeitplan oder seinen Plänen zu reagieren.

Zwanghafte als Mitarbeiter

Für eine Führungskraft können sich bei der Führung eines Mitarbeiters mit zwanghafter Persönlichkeitsstörung verschiedene Herausforderungen ergeben. Hier sind einige Probleme, die auftreten können:

Perfektionismus und Kontrollbedürfnis

Mitarbeiter mit zwanghafter Persönlichkeitsstörung können dazu neigen, übermäßig hohe Standards an sich selbst und andere anzulegen. Dies kann dazu führen, dass sie Schwierigkeiten haben,

Aufgaben abzugeben oder Verantwortung zu delegieren. Die Führungskraft muss möglicherweise vermehrt darauf achten, dass der Mitarbeiter realistische Ziele setzt und nicht zu stark in Details verliert.

Rigide Denkmuster und mangelnde Flexibilität

Menschen mit zwanghafter Persönlichkeitsstörung halten oft stur an ihren eigenen Denkmustern fest und zeigen wenig Flexibilität, insbesondere wenn es um Veränderungen oder Abweichungen von Plänen geht. Dies kann zu Schwierigkeiten führen, wenn die Führungskraft Flexibilität und Anpassungsfähigkeit erwartet.

Kommunikation und zwischenmenschliche Beziehungen

Mitarbeiter mit zwanghafter Persönlichkeitsstörung können Schwierigkeiten haben, spontan und ungezwungen in sozialen Interaktionen zu agieren. Dies kann zu Herausforderungen in der Kommunikation und im Teamwork führen, da die Führungskraft möglicherweise zusätzliche Anstrengungen unternehmen muss, um eine kooperative Arbeitsumgebung zu schaffen.

Stress und Versagensängste

Aufgrund des starken Perfektionismus und der Angst vor Fehlern können Mitarbeiter mit zwanghafter Persönlichkeitsstörung anfällig für übermäßigen Stress und Versagensängste sein. Die Führungskraft muss möglicherweise zusätzliche Unterstützung und Feedback bieten, um sicherzustellen, dass der Mitarbeiter nicht überlastet wird.

Zeitmanagement und Arbeitsbelastung

Aufgrund der übermäßigen Gewissenhaftigkeit und des Perfektionismus können Mitarbeiter mit zwanghafter Persönlichkeitsstörung dazu neigen, sich in Details zu verlieren und dadurch ihre Zeit ineffizient zu nutzen. Die Führungskraft muss möglicherweise dabei helfen, Prioritäten zu setzen und realistische Zeitpläne zu erstellen.

Indem die Führungskraft sich der besonderen Bedürfnisse und Verhaltensweisen bewusst ist, die mit einer zwanghaften Persönlichkeitsstörung einhergehen, kann sie gezielt unterstützen und dazu

beitragen, ein Arbeitsumfeld zu schaffen, das für
den Mitarbeiter förderlich ist.

Zwanghafte als Partner

Ein Partner oder eine Partnerin eines Menschen
mit zwanghafter Persönlichkeitsstörung kann auf
verschiedene Herausforderungen stoßen. Hier ist
ein Beispiel, wie es einem Partner ergehen könnte:

*Sophie ist die Partnerin von Max, der an einer
zwanghaften Persönlichkeitsstörung leidet. Sie erlebt
täglich verschiedene Probleme, die sich aus Max' Verhalten ergeben:*

Perfektionismus und Kontrollbedürfnis

*Max hat sehr hohe Ansprüche an sich selbst und an
Sophie. Er erwartet, dass alles in ihrem Haushalt genau
nach seinen Vorstellungen organisiert ist. Dies kann
dazu führen, dass Sophie sich ständig unter Druck
setzt, um Max' Standards zu erfüllen.*

Rigide Denkmuster und mangelnde Flexibilität

Max hält stur an seinen Routinen fest und zeigt wenig Flexibilität, auch wenn es um spontane Aktivitäten oder Veränderungen im Tagesablauf geht. Sophie fühlt sich eingeschränkt und hat Schwierigkeiten, spontane Pläne zu machen oder Veränderungen vorzuschlagen.

Kommunikation und zwischenmenschliche Beziehungen

Max fällt es schwer, sich in sozialen Situationen zu entspannen und ungezwungen zu agieren. Sophie fühlt sich manchmal isoliert, da es schwierig ist, eine spontane und lockere Kommunikation mit Max zu führen.

Stress und Anspannung

Aufgrund von Max' übermäßigem Perfektionismus und seiner Angst vor Fehlern kann sich Sophie gestresst fühlen, besonders wenn sie das Gefühl hat, nicht Max' Erwartungen zu erfüllen.

Zeitmanagement und Planung

Max' Neigung, sich in Details zu verlieren und starr an seinen Plänen festzuhalten, kann dazu führen,

*dass Sophie das Gefühl hat, dass ihre eigenen Bedürf-
nisse und Wünsche in der Beziehung vernachlässigt
werden.*

*Sophie muss täglich mit den Auswirkungen von
Max' zwanghafter Persönlichkeitsstörung umgehen
und versuchen, ein Gleichgewicht zwischen den Bedürfnissen ihres Partners und ihren eigenen Bedürfnissen
zu finden. Es erfordert Geduld, Verständnis und möglicherweise professionelle Unterstützung, um mit den
Herausforderungen umzugehen, die mit einer Beziehung zu einem Partner mit zwanghafter Persönlichkeitsstörung verbunden sind.*

Checkliste Zwanghafte Personen

Hier ist eine Checkliste mit acht Punkten, an denen man eine zwanghafte Persönlichkeit erkennen
kann, auch wenn die tatsächliche Einschätzung einer Fachfrau/einem Fachmann überlassen werden
sollte:

- **Perfektionismus**: Übermäßiges Streben nach
  Perfektion und hohe Ansprüche an sich selbst
  und andere.
- **Kontrollbedürfnis**: Starkes Verlangen, alles
  unter Kontrolle zu halten und Situationen zu
  dominieren.

- **Rigide Denkmuster**: Tendenz, stur an eigenen Denkmustern festzuhalten und wenig Flexibilität zu zeigen.
- **Angst vor Fehlern**: Übermäßige Angst davor, Fehler zu machen oder Verantwortung zu übernehmen.
- **Detailliebe**: Neigung, sich stark in Details zu verlieren und den Fokus auf das Große und Ganze zu vernachlässigen.
- **Routinen und Rituale**: Starke Vorliebe für feste Routinen und Rituale, die nur ungern verändert werden.
- **Gewissenhaftigkeit**: Übermäßige Gewissenhaftigkeit und starkes Verlangen, Verpflichtungen und Regeln zu erfüllen.
- **Schwierigkeiten in sozialen Situationen**: Probleme, sich in sozialen Interaktionen ungezwungen und spontan zu verhalten.

Verhaltens-Tipps für zwanghafte Personen

Hier sind acht Tipps, wie man sich am besten gegenüber einer Person mit einer zwanghaften Persönlichkeit (-sstörung) verhalten kann, um möglichst wenig Nerven zu verlieren:

- **Grenzen setzen**: Klare und respektvolle
  Kommunikation über persönliche Grenzen
  und Bedürfnisse, um ein gesundes Gleichgewicht in der Beziehung zu erhalten.
- **Verständnis zeigen**: Versuchen, die zugrun-
  deliegenden Ängste und Sorgen der Person
  zu verstehen, anstatt sie zu kritisieren oder
  zu verurteilen.
- **Klare Vereinbarungen treffen**: Einbezie-
  hung der Person bei der Festlegung von Regeln und Vereinbarungen, um ein Gefühl der
  Kontrolle zu vermitteln, ohne die Bedürfnisse anderer zu vernachlässigen.
- **Flexibilität fördern**: Möglichkeiten finden,
  um Flexibilität und Anpassungsfähigkeit in
  den Alltag zu integrieren, um starre Denkmuster aufzulockern.
- **Kommunikationstraining**: Unterstützung
  bei der Entwicklung von Kommunikationsfä-
  higkeiten, um Konflikte konstruktiv zu lösen
  und Bedürfnisse auszudrücken.
- **Gemeinsame Aktivitäten planen**: Einbezie-
  hung von Aktivitäten, die beiden Parteien
  Freude bereiten, um die Beziehung zu stärken und positive Erfahrungen zu fördern.

- **Beratung oder Therapie in Betracht ziehen**: In Erwägung ziehen, professionelle Unterstützung in Anspruch zu nehmen, um sowohl der Person mit der Persönlichkeitsstörung als auch den Betroffenen zu helfen, angemessen mit den Herausforderungen umzugehen
- **Selbstfürsorge nicht vernachlässigen**: Sich selbst nicht aus dem Blick verlieren, sondern auf die eigene Gesundheit und Bedürfnisse achten, um nicht unter der Beziehung zu leiden.

So das war es zu den Verhaltensmustern, mit den uns unsere Mit-Vollpfosten teilweise das Leben schwer machen. Mehr über Vollpfosten und Holzwurm gibt es in *„what the hack! Lifehacks für den kreativen Umgang mit hinderlichen Glaubenssätzen"*. In dem erkläre ich, was beim Denken so alles schief gehen kann. Aber Vorsicht, da bleibt kein Auge trocken!

Darf´s ein bisschen Meerschwein?

Beim Metzger heißt es oft beim Abwiegen *„Darf´s ein wenig mehr sein?"*, wenn nämlich zum exakten Erreichen der bestellten Menge *„ein Viertel Schinkenwurst bitte!"* die Fleischwarenfachverkäuferin Geodreieck und Zirkel auspacken müsste.

Man kann nicht ‚*alles über alles*‘ in einem Taschenbuch unterbringen, bei dessen Konsum Dein Kichern über meine teils abgedrehten Formulierungen bei manchem Poolnachbarn oder Mitreisenden eine Stirnfalte auf die (*„Ha! Kein Botox!!"*) irritierte Stirn zaubert.

Auf www.frank-max.com/buecher findest Du einen ständig wachsenden Fundus an Lesinaren, Workbooks und sogar Onlinetrainings zu allen möglichen Themen, die Dir das Leben leicht machen und die Karriere fördern sollen.

Und damit Du keine Neuerscheinung verpasst, trage Dich gerne für den Newsletter ein. Alle Dompteusen und Dompteure von Vollpfosten, Brainbugs & Co., die sich regelmäßig durch meine unregelmäßigen Newsletter knabbern, sind immer ‚*up to date*‘.

Mehr zum & vom Autor

Frank Max, Baujahr '68

Coach, Autor,
einfach | MACHER

Nach *Abenteuerurlaub* bei der Bundespolizei und erfolgreicher Karriere in der Immobilienbranche zunächst erneut Student, anschließend selbständig als Coach, Trainer, Heilpraktiker für Psychotherapie. Dank Corona auch Autor und Wirtschaftsjournalist. Zu erreichen via:

#frankmaxcom

oder auf:

www.frank-max.com

Dort findest Du auch mein Blog:

www.frank-max.com/blog

Hat Dir das Büchlein gefallen oder gar geholfen? Dann schreib doch bitte eine kleine Rezension auf Amazon, bei Google oder Tredition. Jede hilft uns unabhängigen Autoren, mehr Menschen zu erreichen und so zu helfen.

PS: Die schönsten Rezensionen werden mit einer Überraschung bedacht.

Rechtliches

Sicherheitshinweis

Lesen fördert die Bildung und Bildung gefährdet die Dummheit. Auswirkungen auf das Leben, die Karriere oder gar die Gesundheit sind für Dich nicht auszuschließen und, mal ganz ehrlich, von mir so gewollt.

Ängstliche Menschen werden versuchen, Dich daran zu hindern, neues Wissen zu erwerben und dieses zu Deinem Vorteil anzuwenden. Nimm das nicht persönlich, das sagt nichts über Dich, sondern nur über DIE aus.

Denn wenn wir uns verändern, müssen DIE das auch, und das wollen DIE nicht. Also hindern sie uns daran, etwas Gutes für uns zu tun, bevor es sich als schlecht für sie herausstellt. Z.B. sich, wie

Du jetzt, zu einer besseren Version Deiner selbst zu verändern. Dabei solltest Du das ruhig zelebrieren.

Wenn Du nachhaltig unsicher bist, gönne Dir eine Stunde Einzelcoaching. Dann sind evtl. Folgen Deiner Entscheidungen und Handlungen auch über die Haftpflichtversicherung abgesichert, die jeder seriöse Coach nachweisen kann.

Copyrights

COVER siehe Impressum
INHALT:

Maulwurf entstammt der Vollversion von ‚Jumsoft Toolbox' und ist für die kommerzielle Verwendung inkl. Druck lizenziert.

Die übrigen Grafiken stammen aus CanvaPRO. Lizenzbedingungen: https://www.canva.com/licensing-explained/

Bücherwurm: Pinar Ince, Pyramidenwurm: Pakhomova Ekaterina, @ CanvaPro, Palmhütte: Vasya Kobelev, Speaker&Group MrRashad, Fitness: Vectoricon, Low Energy: Leremy Gan, Faultier&Kissen: Valank's Pictures, Faultier: Sylph Creatives, vor Spiegel: Goodstudio, Strippenzieher: Karyativ, Mikroscope: heyrabbiticons, der Beste: Leremy Gan, Sparschweine: Thidaratsuteeratatphotos, Mann: Leremy Gan, Geist: Gambar Ratna Fitry, Vollpfosten: LinearTestpilot&Brittva, Beschwichtiger, Ankläger, Computer, : Leremy Gan, Ablenker: Nakata, Verhandler: Delwar Hossein, Hinterherdenker: Leremy Gan, Distanz: Vectoruler, Schmusesucher: maartenvanderwerfcollection, theBigBoss: Leremy Gan, Leistung: 121icons, ich-ich: zolotons, Minderwertigkeit: Zdenek Sasek, Archer: Mohamed_Hassan, Car: Vectortradition, BigBoss: Leremy Gan, Cookie jar: sorembadesignz, Cupboard: Galihl's Gallery, chair: iconcafe, kid: ariento's Images, Ole!, Clueless, Researching Leremy Gan, Organizer: asim faraz, Idea: Cherstva, Bunny: Kaisorn, Hunter: georgekhelashvilis-images, Aggression: Leremy Gan, graduated worm: Pinar Ince, Instagram-Logo © Scetchify, Facebook-Logo © Roundicons Pro @ CanvaPro.

@ Pixabay: Canon: Open-Clipart-Vectors @ pixabay, Sports Car & rich old man: Ciker-Free-Vector-Images @ pixabay,

Haftungsausschluss

Alle Informationen in diesem Buch sind sorgfältig recherchiert und vielfach in der Praxis erprobt. Dennoch passt nicht jede Technik, nicht jeder Gedanke zu jedem Menschen bzw. zu jeder Situation.

Bitte überlege Dir daher sorgfältig, welche Konsequenzen sich ggf. für Dein Leben ergeben, bevor Du handelst. Autor, Verlag/Vertrieb übernehmen keine Haftung für evtl. Konsequenzen und evtl. entstehende Schäden aus Deinen Entscheidungen und den daraus folgenden Handlungen.

Auch hafte ich nicht für Links. Zum Zeitpunkt der Veröffentlichung habe ich alle Links überprüft. Sollten diese inzwischen nicht mehr funktionieren oder zu anderen, als den erwarteten Inhalten führen, bitte ich um Nachricht, damit ich den Link entfernen oder ggf. korrigieren kann. Auch hafte ich nicht für alles, was nichts mit dem Thema zu tun hat und Deine Verantwortung ist. Sorge bitte mit der ganz normalen Vorsicht im Rahmen einer umsichtigen Lebensführung dafür, dass Du nichts rumliegen lässt, was keiner sehen darf oder nicht im Internet surfst, ohne Firewall/Virenschutz, auch nicht zu den angegebenen Quellen oder meiner Homepage. Man kann sich heute halt leider

nicht mehr sicher sein, wer was mit welchen Absichten zweckentfremdet.

Mehr zum Thema gibt es auf

https://www.frank-max.com/vollpfosten